Appenzeller Witz und arkadische Schweiz-Idyllik
von Peter Faessler

Appenzeller Witz und arkadische Schweiz-Idyllik

Ursprung und Weg
eines helvetischen Charakterbildes

von Peter Faessler

Nebelspalter-Verlag, Rorschach

© 1983 Nebelspalter-Verlag, Rorschach
Druck: E. Löpfe-Benz AG, CH-9400 Rorschach
ISBN 3 85819 053 5

Dieses Buch ist unserem Sohn
Thomas
zu seinem ersten Geburtstag gewidmet.

Die Appenzeller geniessen gemeinhin den Ruf, ein witziges Volk zu sein, ganz so wie es zahllose Anekdoten illustrieren. Das uns geläufige Charakterbild ist indessen – dies unsere These – vorab eine Schöpfung des 18. Jahrhunderts, welches dem Gebirgsvolke höchst günstig gesinnt war. Nach Einschätzung des deutschen Gelehrten Christoph Meiners (1747–1810), eines Reiseschriftstellers von Ruf, waren die Appenzeller «die Lieblinge der ganzen übrigen Schweiz, die allenthalben bewundert, aber nicht beneidet, und von den vaterländischen Schriftstellern wetteifernd als das freyste, glücklichste und geistreichste Hirtenvolk gepriesen werden». Wie kam es in der deutschen, englischen, französischen und schweizerischen Reiseliteratur zu dieser heute längst vergessenen Appenzell-Begeisterung, welche in geringer zeitlicher Verschiebung die damalige europäische Schweiz-Begeisterung en miniature widerspiegelt? Europäische wie eidgenössische Reisende entdeckten damals Appenzell als eine «Schweiz» in der Schweiz. Denn gerade viele Miteidgenossen mussten ihre Heimat weniger idyllisch empfunden haben, als sie der europäische Philhelvetismus zu preisen nicht müde wurde. Was Wunder, dass Fremde wie Schweizer vermeinen, am Rande Helvetiens die ideale Schweiz unverhofft gefunden zu haben. In jenen Texten, welche dies bezeugen, ist es zuvörderst die Kunde vom Appenzeller Witz, welche sich dazu anbietet, landeskundlichen, belletristischen und reiseliterarischen Metamorphosen nachzuspüren, welche das Schweiz- und Appenzell-Bild – bewusst oder unbewusst – geprägt haben.

Um uns Klarheit darüber zu verschaffen, welche Rolle der Witz für das werdende Appenzell-Bild spielt, muss man danach fragen, was in Vergangenheit und Gegenwart unter dieser Vokabel verstanden werden soll. Seiner Herkunft nach ist «Witz» mit «wissen» verwandt. Bis ins 18. Jahrhundert bezeichnete das Wort soviel wie «Wissen» und «Verstand», wogegen die Gabe, geistreich und witzig zu sein, «Esprit» geheissen wurde. Im letzten Jahrhundert meint «Witz» dann ein Doppeltes: einerseits steht es für einen geistigen Habitus, der unter anderem auch mit der Verstandesfähigkeit zusammenhängt, einen Sachverhalt treffsicher zu formulieren. Daneben beginnt «Witz» auch jene humorigen Gebilde zu bezeichnen, die wir heute – die Mehrzahl verdeutlicht das Gemeinte – «Witze» nennen.

In Entsprechung zu diesem stark vereinfachten sprachgeschichtlichen Befund unterscheiden wir in «Appenzeller Witz» – als eine sprichwörtlich gewordene geistige Begabung des Stammes – und in «Appenzellerwitze», womit wir jene diesem Volke in den Mund gelegten Äusserungen meinen. Diese Witze haben aber nichts mit jenen Anekdoten zu tun, welche man auswärts über die Appenzeller zu erzählen pflegt und welche sich an deren angeblicher Kleinwüchsigkeit entzünden.

※

Zwar gewinnt der «witzige Appenzeller» erst im 18. Jahrhundert Konturen, spielt dann aber bald einmal die Rolle eines Topos, unter welchem Begriffe wir klischierte, festgeprägte Formeln der schriftlichen Überlieferung verstehen. Unser Topos lässt sich als die sprachliche Verankerung einer vorurteilhaft gefärbten Vorstellung beschreiben, die seinerzeit das Charakterbild der Appenzeller zu dominieren begann, und zwar inspiriert vom Genre des antiken Panegyrikos, d.h. der Lobrede oder Laudatio. Denn das Volksporträt ist namentlich eine Frucht literarischer Rhetorik panegyrischen Ursprungs.

Der Topos vom witzigen Appenzeller wäre unserer Meinung nach als sprachlicher Ausdruck für die Verschmelzung zweier Sphären zu begreifen; ein ethnisches Merkmal – der Stammesangehörigkeit nach Appenzeller zu sein – wird mit dem einem geistigen Habitus zugehörigen Merkmal – nämlich der Fähigkeit, Witz zu haben – zu einer im Schrifttum nachhaltig wirksamen Vorstellung verknüpft. Eine solche Verschmelzung nennen wir einen ethnischen Topos. Unser Topos-Verständnis liesse sich etwa auch mit Begriffen wie «Stereotyp», «Klischee» oder «Image» bezeichnen.[1]

Die Frage, welche Bedingungen bei der Schaffung des Topos von Belang waren, vermögen frühe Textzeugen zu erhellen, die das uns geläufige Charakterbild der Appenzeller betreffen. Darin sind neben dem Witz als eigentlicher Dominante auch Fröhlichkeit, Freiheitsliebe und Musikalität verwoben, wobei man sich den so begnadeten eidgenössischen Stamm als ein in einer reizvollen Gegend angesiedeltes Hirtenvolk dachte. Dieses Volksgemälde erhielt sein bezauberndes Kolorit in der Appenzell-Begeisterung des 18. Jahrhunderts. Wer nun die zeitgenössische Literatur bedenkt, dem müsste eine Verwandtschaft solcher Pastorale mit einer ehrwürdigen dichterischen Tradition auffallen – der Idyllik.

«Idylle»[2] meinte damals eine arkadische Schäferdichtung. Arkadien ersonnen haben der Grieche Theokrit und der Römer Vergil, deren Vision eines Hirtenglückes inmitten anmutiger Natur zu einer der europäischen Literatur teuren Wunschwelt geworden ist. In dieser geistigen Landschaft, welche mit dem namengebenden rauhen Bergland des Peloponnes wenig mehr gemein hat, agiert der «pastor otiosus», der sorglos lebende und scherzende Hirte, welcher stets musevoll gestimmt sich gerne mit seinen Genossen in Wettgesängen übt, während die Herden friedvoll weiden.

Dies geschieht in lauschiger Natur, und zwar an jenem seit der Antike vielgepriesenen «locus amoenus», einem schattigen Lust- und Anmutsort, wo neben einladendem weichem Rasen eine frische Quelle sprudelt. Eingehegt wird der Hintergrund dieses beglückenden Naturausschnitts von einem schützenden Felsen. Es ist dies ein Wunschbild, das in der Sicht des 18. Jahrhunderts mit täuschender Ähnlichkeit im Appenzellerland Wirklichkeit geworden zu sein schien.[3] Dort findet sich ein kühlgrünes, wasserreiches Hirtenland, dessen sanft gerundete Hügelwelt vom Säntismassiv gleich einer Felswand geschützt wird. So kam es in einer bis anhin kaum bekannten Gebirgsgegend der Schweiz zu einer eigentlichen Wiederkunft Arkadiens. Und unser Gewährsmann Christoph Meiners zweifelt daran, ob es in ganz Europa ein anderes Land gebe, wo man auf den ersten Blick «die reizenden Ideale einer glücklichen Unschuldswelt in einem solchen Grade realisiert findet, als in Appenzell Ausser-Rhoden»; denn «von allen Höhen, und aus allen Gründen tönt dem Wanderer das Gemurmel der Bäche, das Geblöck der Herden, das Rufen der Hirten, und besonders das Geklingel der grossen Schellen entgegen, womit Stiere, Kühe, und Kälber behängt sind. Dieser Arkadischen Musik hörte ich gestern Abend gegen Untergang der Sonne in einiger Entfernung von

Gaiß fast eine Stunde zu ...» Im Appenzellerland werde das Auge des Reisenden anfangs nicht weniger als sein Ohr getäuscht: «Wohin man blickt, sieht man Haufen von friedlichen und bescheidenen Hütten, so kunstlos und reichlich, wie man sich in frohen Träumen die Wohnungen glücklicher Schäfer denkt, unter welchen man sein Leben zubringen möchte.» Deren Hütten sind dabei nicht «nach städtischer Art in dichte Reihen zusammengedrängt, sondern über Thal und Hügel zerstreut; und eben diese Zerstreutheit, verbunden mit ihrer Einfachheit (denn sie sind ganz aus Holz erbaut), begünstigt die Täuschung, daß man in dem Arkadien der Dichter wandle».
Als solch ein wiedergefundenes Arkadien wurde Appenzell im Zeichen von Albrecht von Hallers Lehrgedicht «Die Alpen» entdeckt, das Antikes in die schweizerische Gebirgswelt verpflanzte und so die Alpen und ihre Menschen als literarisches Sujet erschloss. Obzwar der rauhen Natur wegen nicht mehr so sorglos wie ihre Brüder von ehedem lebend, geniessen Hallers Sennen gleichwohl ihren Teil arkadischen Glückes. Aller Mühsal zum Trotz

«... hat die Fröhlichkeit bisweilen wenig Stunden
  Dem unverdrossnen Volk nicht ohne Müh entwunden».

Denn das «vergnügte Volk» der Berge weiss die karge Musezeit wohl zu nutzen:

«Dort tanzt ein bunter Ring mit umgeschlungnen Händen
In dem zertretnen Gras bei einer Dorf-Schalmei:
Und lehrt sie nicht die Kunst, sich nach dem Takte wenden,
So legt die Fröhlichkeit doch ihnen Flügel bei.»

Nach dem Genuss solcher Sommerfreuden wird im winterlichen Hirtenglück von der harten Jahresarbeit ausgeruht:

«Der Sorgen-lose Tag wird freudig durchgescherzt,
Und wenn die Nachbarn sich zu seinem Herde setzen,
So weiss ihr klug Gespräch auch Weise zu ergötzen.»

Zwei Vorzüge springen hier ins Auge: einmal die Neigung der Gebirgsschweizer zu Scherz und Fröhlichkeit; dann die Klugheit ihrer Reden, die selbst Weise zu ergötzen vermag. Dazu gesellen sich Offenheit im Sprechen und Denken, was sich auch in Liebesdingen zeigt. Ist er einmal entbrannt,

«So wird des Schäfers Mund von keiner Furcht gebunden,
Ein ungeheuchelt Wort bekennet, was ihn rührt».

Aus Hallers Tugendgemälde wird sich zumal die Gabe zum ungeheuchelten Wort auf die Appenzeller vererben und so den Ruf ihres Witzes begründen. Denn der bedeutende Zürcher Literat und Ästhet Johann Jakob Bodmer und sein Freundeskreis rühmten in eingestandener Gefolgschaft Hallers die Appenzeller und fertigten so die Stiftungsurkunden ihres uns überlieferten Charakterbildes aus. Damit verhalfen die Zürcher der damals stetig anschwellenden Reiseliteratur zu einem

Sigmund Freudenberger (1745–1801):
Albrecht von Haller.
Privatbesitz R. de Haller, Genf.

neuen Idyll. Nicht von ungefähr lassen sich im Bodmerkreis die ersten Textzeugen namhaft machen, worin in Hallers Weise von Klugheit, Offenheit, Fröhlichkeit und – Witz der Appenzeller die Rede ist.[4] Es geschieht dies freilich in unlösbarer Verquickung mit Laurenz Zellweger, einem in der schweizerischen und deutschen Literaturszene renommierten Appenzeller von Esprit. Zu seinem Ruhme schufen die Zürcher panegyrische Denkmäler, unter welchen ein Lobgedicht in Gestalt einer überschwenglichen Ode sowie ein Nekrolog herausragen. Diese Elogen verquicken dabei die Laudatio auf den Trogener mit einem Loblied auf seine appenzellische Heimat. Dort weilten die Zürcher um Zellwegers willen alljährlich, um sich in gelehrten Discoursen lustwandelnd zu ergehen. Es war dies ein Fest des Esprits in arkadischer Freiheit! Bodmers Schilderungen schufen vor diesem Hintergrunde einen Bund zwischen der republikanischen Freiheit des Ländchens und jener Freiheit zum kritischen, satirischen und witzigen Wort, welche die Gespräche des literarischen Areopags prägten, zu dem auch Christoph Martin Wieland und Salomon Gessner zählten.

Es war jener Salomon Gessner, der innerhalb der europäischen Literatur die arkadische Hirtenidylle wirkungsvoll zu erneuern verstanden hat. Alle Welt war von Gessners bald in viele Kultursprachen übersetzten ländlichen Szenen entzückt, und ein Jean Jacques Rousseau vermochte sich nicht genug an ihnen zu ergötzen. Gessners Tochter Anna Dorothea heiratete später gar ins Idyllenland ein, obgleich nicht mit einem Hirten, sondern Johann Caspar Zellweger, einem reichen Grosskaufmann. Im Gefolge Bodmers und Gess-

Anton Graff (1736–1813): Anna Dorothea Zellweger-Gessner.
Privatbesitz Trogen.

ners verklärte schliesslich ihr gemeinsamer Freund Johann Caspar Hirzel die Appenzeller und vermittelte so der aufblühenden schweizerischen Landeskunde und der europäischen Reiseliteratur ein gern beschworenes Wunschbild.

Der Topos vom «witzigen Appenzeller» wurzelt mithin in einer weitgreifenden Idyllisierung, welche ein appenzellisches Charakterbild wob, worin sich Witz, Fröhlichkeit und Freiheitsliebe verschwisterten. Als die französische Revolution ihre Schatten vorauswarf, bekam der Topos – zumal im Zeichen des politischen Rousseau – einen vermehrt freiheitlichen Anstrich. Jener aus der Imagination des «pastor otiosus» geschaffene musevolle Hirte am Fusse des Alpsteins geriet zusehends zum Eideshelfer für das Recht auf bürgerliche Freiheiten, während der appenzellische «locus amoenus» zur republikanischen Kultstätte umstilisiert wurde, was neues Licht auf die zeitgenössischen Wallfahrten zu den Landsgemeinden wirft. Die Wandlung des Topos offenbart so den Weg des Witzes vom nacharkadischen Hirtenspiel zur politischen Waffe in der Hand des freien Bürgers.

Witz und Freiheit vermählen sich später bei Johann Gottfried Ebel, der mit seiner «Schilderung der Gebirgsvölker der Schweitz» die Bibel der nachmaligen Appenzell-Begeisterung des 19. Jahrhunderts verfasste, zu einem festen Bunde.[5] Das eloquente Volksgemälde vergesellschaftet nachdrücklich den Witz mit jener Musikalität, welche in der Folge zu einer anderen sprichwörtlich gewordenen Begabung der Appenzeller geriet. Diese gehört nunmehr zu den stehenden Themen der einschlägigen Reiseliteratur, liessen sich ja Singen und Musizieren in die ehrwürdigen Muster der Idyllik einpassen. Schon Theokrits und Vergils Hirten verweilten gerne bei Flötenspiel und Gesang. Die «Schilderung» bezeugt – und damit schliesst sich der Kreis unserer Betrachtung – beispielhaft, wie vom 18. Jahrhundert ererbte arkadische Atmosphäre noch die auf enzyklopädische Weltaneignung zielende neuere Reiseliteratur zu beglänzen vermag. Diese jedoch wird ihrerseits fortwirken, indem sie Realien für das gemüthaft-volkstümliche literarische Genre des 19. und beginnenden 20. Jahrhunderts liefert, Erinnert sei bloss an Ulrich Hegner, den Meister des helvetischen Biedermeiers, und an Joseph Viktor von Scheffels «Ekkehard».

Maurice Quentin de la Tour (1704–1788): Jean-Jacques Rousseau. Musée d'art et d'histoire, Genf.

I

Es war wohl der moralsatirische Epigrammatiker Johannes Grob (1643–1697) aus Herisau, der einen ersten Anlass abzugeben vermochte, Land und Leute Appenzells in Verbindung mit der Gabe des Witzes zu bringen, die man damals noch Esprit nannte. Im Bewusstsein der Schweizer besass der Name des Herisauers kaum je Klang, doch bei den Literarhistorikern ist er nie gänzlich der Vergessenheit anheimgefallen. Bis heute will keine Anthologie seiner Sprüche entraten; eine Ehrenrettung gerade aus appenzellischer Feder scheint mithin überfällig. Seinem Œuvre nach ein Schüler des grossen Martin Opitz, darf man Grob den barocken Meistern des Epigramms zurechnen. Epigramme werden kurze, zumeist satirische Sinngedichte geheissen, welche auf bestimmte Stände, Personen, Ereignisse, Zustände und Einrichtungen gemünzt sind. Zwar ist das Satirische keine unabdingbare Grundfärbung des Genres, und Grobs posthum erschienenes «Poetisches Spazierwäldlein» gliedert denn auch in «Ehren-, Lehr-, Scherz- und Strafgedichte».

Was aber den Moralisten zuvörderst reizt, ist das Satirische im Sinne des «Strafenden»: stets zieht er den angriffigen Sarkasmus versteckter Ironie vor, höchst ungern verzichtet er auf die unter die Haut gehende Pointe als Zuspitzung. So sind denn zwei Drittel seiner Epigramme «Stachelgedichte». Es sind Reime, welche – die zeitgenössische Literaturtheorie liebte diese bildliche Wendung – «wie die Bienen mit dem Schwanze stechen und den Stachel hinterlassen». Hierin unterscheidet sich Grob von andern Meistern, welche mehr zur naiven oder reflektierenden Art neigten. Der Herisauer wusste, dass seine Verse verletzen konnten:

An den Leser

Verwundre dich ja nicht, daß, was ich hier geschrieben,
Nicht zart ist, sondern hart, und gleichsam ungerieben,
Des Namens Eigenschaft liegt meinem Dichten ob,
Es bleibet wohl dabei: ich schreib' und heiße grob.

Im Geschmack des deutschen Barocks verspottet der Dichter das modische Nachäffen feiner französischer Lebensart sowie die Sprachmengerei, welche die Muttersprache mit fremden Brocken zu spicken liebte. Opfer von Grobs Stachel sind Charaktertypen wie betrogene Ehemänner, eitle Frauen, Geizhälse, Spieler, Säufer, Heuchler und Schmeichler. Im Sinne der zeitgenössischen Ständesatire werden ferner unwissende Ärzte, Geistliche, Richter, Anwälte und Schulmeister blossgestellt.[6] Politisch wandte sich Grob unter dem Pseud-

onym Ernst Warnemund von Freyenthal mit seinem «Treugemeinten Eidgenössischen Aufwecker» an die Schweizer, während die satirischen Verse seines «Poetischen Spazierwäldleins» erst posthum erschienen.
Seines Zeichens ein erfolgreicher Handelsherr, verstand sich Grob als blosser Gelegenheitsdicher. Da er auf der politischen Bühne Appenzell für einmal am Wiener Kaiserhof zu vertreten hatte, wurde er gar geadelt. Es war aus «Herisau im lande Appenzell, am 1. Tage des weinmohndes, 1677», woher Grob seine ersten Gedichte über die Grenzpfähle schickte. Als «Dichterische Versuchsgabe» erschienen sie in Basel. Das Buch stellt sich dem Leser selbst vor:

Wer Zucht und Tugend ehrt, darf wohl der Laster
 spotten,
Dies tracht ich auch zu tun und meide wüste Zoten,
Ich mache niemand kund, die Namen sind erdicht,
Verrät sich jemand selbst, für solches kann ich nicht.

Erwägt man, wie wenig früher die Menschen aus eigener Anschauung von anderen Stämmen und Völkern wussten, drängt sich die Frage auf, ob nicht der Ruf des Herisauer Moralsatirikers die Kunde vom Appenzeller Witz mitzuverantworten hat. Sind seine «Stachelgedichte» gar das Urbild der Appenzellerwitze, denen man gerne schlagfertige Kürze, Angriffigkeit und das Fehlen von Zoten nachgerühmt hat? Ist Grob gar einer der Erzväter des Topos vom «witzigen Appenzeller»? Zu Grobs Lebenszeit waren dazu keine Stimmen auszuforschen, wobei zu bedenken ist, dass der Literat stammesmässig Toggenburger war. Erst nach einem Zerwürfnis mit seinem äbtischen Landesherrn zu St.Gallen zog er nach Herisau. Gleichwohl verliert sich die angedeutete Spur nicht ins Dunkle, sollte doch der Epigrammatiker just von jenem literarischen Zürich des 18. Jahrhunderts neu entdeckt werden, das der Welt die ersten Nachrichten vom Witz der Appenzeller kundgetan hat.

Johannes Grob: Dichterische Versuchsgabe, 1678. Titelblatt.

Die dem Titelblatt gegenüber liegende Seite schmückt eine allegorische Darstellung, welche von einer weiblichen Gestalt beherrscht wird. Gedacht sein dürfte wohl an eine Personifizierung von «Aletheia» (griech. «Wahrheit», lat. «Veritas»), und zwar im Sinne von Wahrheit und Aufrichtigkeit im Reden. Diesen für die nachmalige Kunde vom Witz der Appenzeller bedeutsamen Umstand bezeugt ja der Vierzeiler, wonach die Wahrheit bei den Menschen leichter Gehör finde, wenn sie statt im Ernste im Scherz geäussert wird:

*«Suochet Alithea sich under scherzen anzubringen,
 diss ist ohne widerred' eines von erlaubten dingen:
 diese Nymphe kömt offt Lachend an dergleichen orten ein,
 da sie, wann sie ernstlich thäte, vor den thüren müsste sein.»*

In diesem Geiste reicht die Gestalt einem jungen Paare symbolisch die den «Liebhabern Poetischer Früchte» aufgetragenen Verse des Dichters, entrollt sich doch aus einer Schale ein Pergament mit der Inschrift: «Johann Groben Versuchsgabe». Die Schleppe der Aletheia wird von einem kleinen Satyr getragen, der sich eine Larve vors Gesicht hält. Hierin liegt eine Anspielung auf das Satirische der Epigramme des Herisauers, in denen wir die Urbilder der Appenzellerwitze vermuten. Den Hintergrund der allegorischen Darstellung bildet eine Landschaft aus See und Gebirge, worin ein arkadisches Schäfer-Idyll vermerkt sei.

Dichterische Versuchgabe

Bestehend
In Teutschen und Lateinischen Auffchriften/

Wie auch etlichen
Stimmgedichten oder Liederen.

Den
Liebhaberen Poetischer Früchte
aufgetragen
Von
Johann Groben.

Gedrukt zu Basel/
Bei Johann Brandmüller/
Im Jahr 1678.

Suchet Alithea sich under scherzen anzubringen/
diß ist ohne widerred' eines von erlaubten dingen:
diese Nymphe kömt offt lachend andergleichen orten ein,
da sie, wann sie ernstlich thäte, vor der Thüren müßte sein.

Neue Appenzeller Chronick
oder
Beschreibung
des
Cantons Appenzell
Der Innern- und Aussern-Rooden,
vorstellende

So wohl des Lands natürliche Beschaffenheit
Der Einwohnern Ursprung, Sitten, Gewerbe, Religion, Regierungs-Art, Freyheiten ꝛc. Als auch einer jeden Gemeinde besondere Beschreibung
Samt
Einer Chronologischen Erzehlung der Merckwürdigen Geschichten des Landes, so sich bis auf gegenwärtige Zeit zugetragen, und einem

Anhang der vornehmsten INSTRUMENten, Diplomatum, Bündnissen, Friedens-Schlüssen ꝛc.

Alles mit grossem Fleiß und Arbeit aus verschiedenen Archivis Actis publicis, Bibliothecken, glaubwürdigen alt- und neuen Scribenten kurtz und gründlich verfasset,
von
Gabriel Walser,
Pfarrer zum Speicher, und des Appenzell-Aus-Roodischen Synodi Actuario.

Mit Hoch-Obrigkeitlichem Privilegio.

S. Gallen,
gedruckt bey Ruprecht Weniger, in Verlag des Authoris. 1740.

Iacob Gottlieb Thelot del. et Sculps. Aug. Vind.

II

Es läge nahe, erste Nachrichten über den Appenzeller Witz aus einheimischer Feder zu erhoffen. Das früheste im Druck überlieferte appenzellische Charakterbild, das uns helfen könnte, verdanken wir Bartholomäus Bischoffberger. In Heiden geboren und in Zürich ausgebildet, wirkte der Chronist über ein halbes Jahrhundert als Pfarrer in Trogen, wo er 1698 verstarb. Sein Ansehen in der Schweiz war so bedeutend, dass ihn noch Leus «Helvetisches Lexikon» für den Verfasser des Grobschen «Aufweckers» hielt; erst später wurde der wahre Autor offenbar. Bischoffbergers im Jahre 1778 erschienene «Appenzeller Chronick» ist die einzige landeskundliche Schrift, aus welcher die Zeitgenossen ausserhalb Appenzells schöpfen konnten. So auch betreffs des Charakterbildes. Es gipfelt in der Feststellung, die Appenzeller seien «von guten Ingeniis» – gedacht als Verstand und Talent –, doch beeilt sich Bischoffberger hinzuzufügen, «wiewol sie sich alber stellen». Sind die «guten Ingeniis» helle Züge, so bringt «alber» – der rechte Wortsinn wäre zwischen «töricht» und «Mangel an Ein- und Umsicht» zu suchen – Schatten in das Bild. Doch nach Angaben des Chronisten sind seine Landsleute gar nicht «alber», sondern würden sich bloss so «stellen». Es wird mithin zwischen Sein und Schein geschieden. Aufhorchen lässt dabei der vernehmbar apologetische Unterton. Wer so spricht, könnte dies vor dem Hintergrund eines Vorurteils tun, welches die Appenzeller albern schmähte. Es war ja der Sanktgaller Humanist Vadian, der die «appenzeller ard» rügt und die Nachbarn als grobe und aufsässige Gesellen apostrophiert. Dass sich deren Charakterbild erst im Laufe der Zeit verbessert hat, ist so undenkbar nicht. Es gliche hierin jenem der Schwaben. Diese waren während Jahrhunderten Opfer des deutschen Stammesspottes; sie galten als grob, dumm – Bischoffberger sagte dafür wohl «alber» –, händelsüchtig, eigensinnig und roh. Erst im 19. Jahrhundert, als sich eine Blütezeit deutscher Literatur- und Geistesgeschichte mit diesem Schlage verband, erschien er in neuem und günstigem Lichte.[7] Gleichviel was bei der Einschätzung der Appenzeller im Spiele war, so gilt es als Faktum festzuhalten, dass deren erster Chronist noch nichts vom Witz zu berichten wusste. Unter welchem Namen auch immer, hätte der fragliche Zug zur Abrundung des Charakterbildes doch hilfreich und willkommen sein müssen.

Erstaunlich nun, dass es sich beim zweiten Chronisten – Gabriel Walser – kaum anders verhält. Dessen im Jahre 1740 erschienenes Werk wurde später im Sinne des kompilierenden Verfahrens der zeitgenössischen Historiographen, Reiseschriftsteller und Chronisten getreulich zitiert und kolportiert. Bischoffbergers Grundmuster folgend, entwirft Walser ein ähnliches Porträt. Was jedoch jener in das Schrifttum eingebracht hat, beginnt sich nun zu entfalten; Bischoffbergers Porträt hebt an, eine Tradition zu begründen. Damit werden wir Zeugen eines literarischen Prozesses, der dem älteren landeskundlichen und reiseliterarischen Schrifttum eigentümlich ist, nämlich das bewusste oder unbewusste Tradieren literarisch bereits vorgeformter Urteile. Wir gewahren, wie ein Topos entsteht und wächst. Im Sinne eines wachsenden Topos entfalten sich die Charakterzüge. Die Appenzeller hätten «gute Ingeniis, so zur Erlehrung allerhand Künste und Wissenschaften, auch nutzbaren Inventionen gar bequem sind». Wie früher haben die «guten Ingeniis» ihre Schattenseite, können sich doch die Appenzeller ausser von «arbeitsamer, herzhafter und freier Art» auch «verschlagen, arg und listig» geben. Sie neigten mithin – in neueren Sprachgebrauch übersetzt – zu arglistigem Verhalten. Bei Walser ist wiederum von der Neigung die Rede, sich «alber» zu stellen. Dieses Tun gerät nunmehr zur eigentlichen appenzellischen Nationalmaxime, die hilft, sich in fremder Umgebung richtig zu verhalten: «Brauchen eine gantz eigene Maxime, dass sie sich vielmahlen mit Fleiss alber oder einfältig stellen, um andere hierdurch zu sondieren oder auch zu agieren.» Dies muss in der Absicht wurzeln, Fremde vorsichtig auszuforschen («sondieren»), und zwar der Möglichkeit wegen, sich um der eigenen Selbstbehauptung willen verteidigen zu müssen. So liesse sich jener Eindruck erklären, den die Appenzeller in den Augen Fremder erwecken: «Wiewohlen sie mehr Wercks von der Aufrichtigkeit als Höflichkeit machen, so sind sie doch gegen Fremden freundlich und dienstfertig, und wenn sie unter civilisierten Völkern von aussen her wohnen gewehnen sie sich zu einer guten Conduite.»

III

Wie bei Bischoffberger ist auch bei Walser nichts über den Appenzeller Witz auszumachen. Doch gerade dieser Umstand hilft unseren Überlegungen weiter. Wussten die appenzellischen Chronisten noch nichts davon, so verändert sich die Quellenlage gänzlich, wenn wir zeitgenössische Schriften aus miteidgenössischer Feder befragen. Denn in jenen Jahren hebt eine eigentliche Appenzell-Begeisterung an, die erstmals auch den Witz zu rühmen weiss. Anlass dafür ist das Auftreten eines Appenzellers von Esprit, des Doktors Laurenz Zellweger aus Trogen, der eine ausgeprägte satirische Ader besass. Unter dem Namen «Philokles» wurde er Mittelpunkt eines Freundschaftskultes des literarischen Zürich um Johann Jacob Bodmer (1698–1783), einen der bedeutendsten Ästheten, Kritiker und Literaten des 18. Jahrhunderts. Die geselligen Bezüge der Zürcher zu Trogen fussen alle auf dem Freundschaftsbündnis zwischen Bodmer und Zellweger. Der Appenzeller war in Zürich Schüler des Naturforschers Johann Jakob Scheuchzer gewesen und studierte später in Leiden Medizin. Als angehender Arzt kehrte er nach Trogen zurück. Dort bekleidete er bald mehrere Ämter und war Archivar, Verhörrichter und Landmajor. Es waren Bodmers und Johann Jakob Breistingers «Discourse der Mahlern» (1721–1723), die Zellwegers Aufmerksamkeit nach Zürich lenken sollten. In der Folge steuerte er selbst eine Abhandlung bei und knüpfte so Bande, vor allem zu Bodmer.

Da der Trogener gerne antike Klassiker – Horaz und Juvenal – las, gemahnte er seine Zeitgenossen an den Griechen Lukianos, die Verkörperung eines witzigen und geistreichen Spötters. Als Mitarbeiter der «Discourse» führte sich Zellweger bei den Herausgebern damit ein, dass er zu einer mehr satirischen – «une manière plutôt badine et satyrique que sérieuse» – Form der Darbietung riet.

Bodmer hat Zellweger verschiedentlich literarisch gehuldigt, so in der Ode «An Philokles».[8] Darin finden sich als leitmotivische Attribute Charakterzüge wie kritischer Intellekt, Bildung und Weisheit. Der Appenzeller besass mithin jene Gaben, welche bei der älteren Bedeutung des Wortes «Witz» noch vorherrschen, nämlich «Klugheit» und «Verstand». Könnte nun – in späterer Verwischung von Wortbedeutungen und Nachrichten – Laurenz Zellweger der neben Grob mögliche zweite Erzvater des Topos vom Witz der Appenzeller sein? Es gibt Gründe, die dafür sprechen! Denn es war Bodmer, der jene kritischen und geistreichen Debatten, die er mit Zellweger pflog, mit Land und Leuten Appenzells in Verbindung brachte. So etwa in der später in

H. Thomann: Wildkirchli AI.

Reiseliteratur, Belletristik und Landeskunde vielzitierten Ode. Darin fehlen – allein schon des panegyrischen Genres wegen – Schattenseiten des Volksschlages, welche die einheimischen Chronisten noch beschönigten. Im Hymnenton wird jedoch die «schier ausschweifende Sorge» des Volkes für Freiheit und Rechte gepriesen:

«Es hält so eifrig auf die Rechte der Freyheit,
Dass selbst sein Freund es übel mit ihm verderbte,
Der eine Bürd' ihm ungebeten vom Naken
    Zu wälzen gedächte.»

Dieser Freiheitsliebe verschwistert sind Unverfälschtheit, Herzlichkeit und Offenheit:

«Hier schämet sich der Mensch noch nicht vor dem
    Menschen,
Und hat noch nicht gelernt sein Herz zu verbergen,
Hier zeigt sich das Bedürfniss und das Gefühle
    Des menschlichen Herzens.»

Freiheitsliebe und Hang zum offenen Wort geben den geistigen Hintergrund für die kritischen und züchtigenden Gespräche ab, welche Bodmer und Zellweger führten. Selbst die Berge schienen diese Freiheit mitzuverbürgen:

«Wir haben oft auf des Gaberius Höhen,
Im Angesichte des Camors und Messmers,
Die Häupter freyer Staaten, und die Monarchen
    Gelehrt und gezüchtigt.»

Das Volksgemälde wird später in einer umfangreichen Streitschrift variiert, mit welcher Bodmer in die ästhetischen Waffengänge mit Gottsched in Leipzig eingriff: «Edward Grandisons Geschichte in Görlitz.» Darin spielt Philokles die Rolle eines Schiedsrichters in Fragen des guten literarischen Geschmacks. Geschildert werden gesellige Szenen, wie sie die Zürcher im Genusse der Molkenkuren oft erlebt haben mögen. Während sie in der Umgebung Trogens lustwandeln, führen sie freimütige Gespräche über die «Vorzüge und Fehler der deutschen Nation», und zwar «ohne das geringste Zurückhalten». Denn «der Geist der Freyheit war gedoppelt über uns gekommen: wie konnte es anders seyn in dem Vaterlande des Philokles?» Ernst wechselt dabei mit Scherz, da der «Geist der Freyheit» noch einen andern nach sich zieht, welcher sich als geistreicher Einfall und Wortspiel bekundet: «Dann scherzen, dann lachen wir; dann messen wir unsere Scherze nicht immer nach den strengsten Regeln, wir nehmen fremde Personen an, wir erscheinen in allerley Gestalten, wir erlauben uns jeux d'esprit und jeux de mots durch einander.» Nicht zuletzt solcher Verquickung von republikanischer Freiheit mit der Freiheit zum witzigen Worte wegen haben wir guten Grund anzunehmen, dass Bodmer den Topos vom witzigen Appenzeller geschaffen hat. Es geschah dies in Verbindung mit Laurenz Zellweger, dem witzigen Appenzeller von bemerkenswertem geistigem Zuschnitt.

Gotthold Ephraim Lessing hat der «Grandison»-Satire zugebilligt, dass «die jetzt herrschenden Streitigkeiten im Reiche des deutschen Witzes nirgends so kurz, so deutlich, so bescheiden, als in diesen wenigen Bogen, vorgetragen worden» seien, wobei wir betonen, dass

Johann Caspar Füssli d. Ä. (1706–1782).
«Quodlibet mit Bildnissen von Zeitgenossen und antiken Köpfen.»
Kantonsbibliothek Trogen. Photo Jörg Schoch AG, Teufen.

Johann Caspar Füssli d. Ä., Schöpfer des «Quodlibets» und Vater des berühmten Maler-Dichters John Henry Fusely, wirkte in seiner Vaterstadt Zürich. Das Werk gehört zu einer Serie anderer Quodlibets, die der Künstler um 1750 geschaffen hat. Diese Bildgattung kann als Stilleben verstanden werden, das seiner verschiedenartigen, an einer Wand befestigten Gegenstände wegen an moderne Collagen gemahnt. Dem «Trompe-l'œil-Effekt» gehorchend will es greifbare Wirklichkeit vortäuschen. Biene, Wespe und Federkiel sowie die augenfällige Akribie, womit die Rauheit der Wand betont wird, stehen im Dienste solch illusionistischen Malens. Auch die Anordnung der Gravüren und Bildnisse wird davon regiert, wobei das schräg einfallende Licht die Plastizität des Gemäldes erhöht.
Das Arrangement der unter gegenseitigen Überschneidungen an die Platte befestigten Gegenstände folgt einem diagonalen Kompositionsprinzip. Auf der einen Diagonalen erscheint als erstes das Bildnis des Malers, dann jenes von Bodmer. Diesem eng benachbart ist das Konterfei Laurenz Zellwegers. Die Reihe endet mit dem Porträt Gessners, welches mit seinem Freundesnamen «Daphnis» betitelt ist. In der anderen Diagonalen überlappt sich Bodmers Bildnis mit Zeichnungen vermutlich antiker Dichter, wo dann das Medaillon Hirzels seinen Platz findet. Im Bildzentrum steht mithin Bodmer, während der ihm eng zugesellte Zellweger den Scheitelpunkt der Gruppe bildet. Dieses Arrangement ist ein Spiegelbild jener Freundschaften, für die das Gemälde ein Denkmal abgeben soll. So wie der von Zellweger flankierte Bodmer das Herzstück des Quodlibets ausmacht, so fussen auch die Beziehungen der Zürcher zu Trogen letzlich auf diesem Freundschaftsbund. Und so wie das Konterfei Zellwegers den Scheitelpunkt bildet, so ist dieser «Philosoph in den Alpen» (Bodmer) für den Freundeskreis jener Weise, als den ihn ein Spruch gleich einer Inschrift feiert:

«Gehe nicht krumm nach mannen die
richtige Wege gegangen,
kennst du nicht den geraden pfad, so
frage PHILOCLES.»

Vergleichbar dem Arrangement des Porträts sind auch Biene und Holztafel nicht nur Requisiten der Illusion, sondern auch Mittel der geistreichen Allusion, der Anspielung. Die Biene gewinnt einen eigenen Sinn, weil sie ja der bukolischen und idyllischen Literatur seit jenen Versen der «Georgica» teuer war, mit denen Vergil Art und Natur des Tierchens preist. Und im Föhrenholz der Platte möchte man einen Verweis auf jene legendäre «förene Hütte» Zellwegers erkennen, worin die Zürcher mit ihrem Freunde so gerne geweilt und im Genuss der republikanischen Freiheit zum offenen Wort freimütig diskurriert haben, während sie Tabak schmauchend der Molke mit Behagen zusprachen.
Johann Caspar Füsslis «Quodlibet» kam vermutlich als Freundesgabe der Zürcher nach Trogen. Es stellt auf dem Felde der Bildkunst ein Denkmal vor, das jenen literarischen aus der Feder des Bodmer-Kreises verwandt ist, worin zum ersten Male – im Zeichen Arkadiens – die Kunde vom Appenzeller Witz anhebt.

«Witz» hier «Verstand» und «Wissenschaft» bedeutet. Es liegt auf der flachen Hand, dass Bodmers «Philokles»-Dichtungen – von der «Ode» bis zur «Grandison» – beim lesenden Publikum deutscher Zunge Vorstellungen erweckt haben mussten, welche die ferne und unbekannte Gebirgsgegend des Appenzellerlandes mit einer Aura von Herzlichkeit und Offenheit des Wortes verklären halfen.

In seiner Einleitung zur Ode hat ein späterer Herausgeber dargetan, wovon sie ausser dem Helden noch handelt, nämlich von einer «Landschaft» und «vom moralischen Charakter der Einwohner, der seltsam und merkwürdig ist». Und unter diesem Blickwinkel werden sich dann spätere Autoren ein Bild von beidem machen. Die wenigen Strophen haben für den Gebirgskanton jene Bedeutung, die Albrecht von Hallers «Alpen» für die Schweiz haben.

Bodmers literarische Feier des Philokles ist die Stiftungsurkunde für jenes ideale Bild von Appenzell, welches in der Folge viele dieses Volk betreffende Vorstellungen, zumal in Deutschland, mitzuverantworten hat. Vergil entdeckte einstens Arkadien als eine literarische Landschaft, wobei dieses Wunschbild mit dem eigentlichen Bergland des Peloponnes wenig mehr gemein hat. Gelang Bodmer, und er wäre hierin im kleinen dem grossen Römer verwandt, nicht eine vergleichbare Entdeckung, nämlich – Appenzell?

Zürich den 10 Merz 1758.

WohlEdler
  Insonders HochzuEhrender Herr.

Ich nehme die Freyheit, ihnen mein Werkgen vollendet zuzusenden, von dem sie schon einen Theil ihres Beyfalls gewürdigt haben, und wünsche, daß ich in der ferneren Ausarbeitung ihrer Erwartung entspreche. Ich befreue mich, daß ich dadurch Gelegenheit habe und mich wie für berechtigt halten darf, an sie zu schreiben, und ihnen zu sagen, wie schäzbar und wie unauslöschlich mir das Andenken jener Tage ist, die ich die Ehre gehabt habe, in ihrer Gesellschaft zuzubringen. Immer ist es einer meiner sehnlichsten Wünsche gewesen, Bodmers Freund, seinen Philokles zu sehen, für den er mir in seinen vergnügtesten Stunden so viel Hochachtung eingepflanzt hat, (denn nie ist er vergnügter, als wenn er von ihnen erzehlt). Mein Wunsch ward erfüllt, ich sah sie, und lebte bey ihnen und in der schäzenswürdigsten Gesellschaft, die glüklichsten Tage meines Lebens; ja, sie sind wirklich die glüklichsten, ich weiß sie mit keinen andern zu vergleichen, als mit denen die ich mit dem redlichen Hagedorn am Ufer der Alster zugebracht habe. Wie würd ich mich glüklich schäzen, könnt ich hoffen, daß das lebhafteste Verlangen, diß Glük noch einmal zu genießen, nur noch einmahl! auch so erfüllt würde. Allein wie sehr hab ich Ursache daran zu zweifeln! Ich werde mich mit dem Angedenken des genossenen sättigen müssen; es soll mir auch mein ganzes Leben durch immer gleich lebhaft bleiben, ich will auch der kleinsten Umstände keinen verlieren, sie sind mir alle Schäzbar und merkwürdig, und wie solt es von seiner Lebhaftigkeit verlieren, da ich sie so oft vor mich rufe?

Haben sie noch nichts von Herrn Wielands Cyrus gesehen? Er wird ein Meister-Stük machen! Ist er nicht glüklich, daß er so oft Gelegenheit hat sich auf das beste zu begeistern, da ein ähnlicher Held, durch noch größere Thaten, die ganze Welt in Erstaunen sezt?

Leben sie wohl, mein Herr, in fortdauernder Gesundheit, empfehlen sie mich ihren GeEhrtesten Herren Brüdern, grüßen sie mir gelegentlich unsern redlichen Wirth Lorenz, Ich habe die Ehre mich Ihrer fortdauernden Gewogenheit zu empfehlen, und mit der größesten Hochachtung zu seyn

  HochgeEhrtester Herr
  Ihr Ergebenster Diener
  E. Geßner.

Brief Salomon Gessners an Laurenz Zellweger vom 10. März 1758.

Salomon Gessner: Idyllische Landschaft mit Schneegebirge, 1786. Staatliche Museen, Preussischer Kulturbesitz, Berlin.

IV

Es war mithin im Schosse des literarischen Zürich, wo – aus Bodmers Ideengut geschöpft – die Kunde vom Appenzeller Witz anhob. Koloriert Bodmer Appenzell im Sinne Hallers, so Dr. Johann Caspar Hirzel in jenem Theokrits: «Ich habe noch niemanden gesehen, der bey dem Eintritt in diese Gegend nicht sehr gerührt worden, und dem sie nicht die sanfteste Vorstellungen von dem Glücke des Standes der Natur oder eines theokritischen Schäfer-Lebens erweckt hätte.» Hat vielleicht Gessner Eindrücke mit ins Auge gefasst, die er literarisch oder mündlich über die Heimat des Philokles empfangen hatte, wenn er sich – in Verteidigung seiner Idyllen (1754) – zutraut, wenigstens «auf unseren Alpen Hirten zu finden, wie Theokrit zu seiner Zeit, denen man wenig nehmen und wenig leihen dürfte, um sie zur Ekloge zu bilden».

Hirzels Nachrichten vom Witz sind nicht belletristisch verschlüsselt, sondern erscheinen im Gewande historischer Authentizität. Sie finden sich im «Denkmal Herrn Doctor Laurenz Zellweger ... errichtet», hinter welcher Schrift sich die erste Biographie des Trogeners überhaupt verbirgt. Mit einem elegischen Freundeswort auf den im Jahre 1764 Verblichenen von Bodmer selbst abgesegnet, steht das «Denkmal» ganz im Zeichen der «Philokles»-Ode.[9]

Auch Hirzel stimmt in das Lob der Unverfälschtheit des Volksschlages ein, welchem er zudem Sittenstrenge und Tugend nachrühmt. Dabei kommt er auf jene Liebe des Gebirgsvolkes zu Freiheit und Recht zu sprechen, welche in Bodmers Augen die Freimütigkeit des Redens verbürgt. Diese Freimut vermöge ihren «Wiz» aufs schönste zu offenbaren. Bei Hirzel wird erstmals jene – hier wohl mit «Mutterwitz» zu übersetzende – Vokabel verwendet, welche den Topos sprachlich ausstatten wird, denn eine «andere Folge ihrer Freyheit ist ihre Freymüthigkeit im Reden, welches ihren Umgang lebhaft, und jedem, der einen natürlichen Witz zu schätzen weiss, angenehm macht».

Hirzel bereichert nun das Charakterbild – er zehrt dabei von Hallers «vergnügten» Hirten – um einen bedeutsamen Zug. Zum Witz geselle sich eine angeborene Fröhlichkeit: «Weil sie meistens vergnügt sind, so erzeuget dieses einen allgemeinen Hang zu lustigen, satyrischen Einfällen.» Damit müssen jene humorigen sprachlichen Gebilde gemeint sein, die man später «Appenzellerwitze» nennen wird. Denn Hirzel fügt ja bei, es sei «sehr leicht, unter diesem Volk eine reiche Sammlung von solchen Einfällen zu machen, denn man hört selten eine Antwort von einem Appenzeller, welche nicht einen Scherz enthält».

Damit scheint der Zürcher Lobredner mehr über diesen Stamm zu wissen als seine eigenen Geschichtsschreiber, hat doch die «Chronik» seines Zeitgenossen Walser noch nichts über den Witz berichtet. Wäre es möglich, dass Hirzel weniger die Appenzellerwitze als vielmehr die «Stachelgedichte» eines Johannes Grob gemeint hat? Nachrichten darüber hätte ihm der Kreis um Bodmer vermitteln können, begann sich doch der Zürcher um den Herisauer zu kümmern. Bodmer korrespondierte darüber mit Laurenz Zellweger. So kommt es zu einer Wiederentdeckung des Epigrammatikers, was die Nachdrucke im «Schweizerischen Museum» illustrieren.

Johann Caspar Hirzels «Denkmal» für Laurenz Zellweger ist ein innerhalb der appenzellischen Landeskunde bis anhin völlig unterschätztes Werk. Sein Idealgemälde war von weitreichender Wirkung. Im Jahre 1766 erschien in Zürich Johann Konrad Faesis (1727–1790) «Genaue und vollständige Staats- und Erdbeschreibung der ganzen helvetischen Eidgenossenschaft», die den Geographen und Historiker berühmt machen sollte. Darin erscheinen die Appenzeller ihres Witzes halber als wohlprofilierter Stamm im Kreise der Eidgenossen. Dabei gerät das entsprechende Kapitel im Geiste des Bodmer-Kreises zu einer Eloge, wie sie bis anhin weder im einheimischen noch auswärtigen landeskundlichen Schrifttum zu lesen war. In das Grundmuster der Chronik Walsers auch die Sicht Bodmers und Hirzels geschickt einfügend, entwirft Faesi in der Weise wachsender und sich verschwisternder Topoi ein neu nuanciertes Volksporträt.

Im Sinne Hirzels berichtet er vom Witz im Zusammen-

hang mit der von Walser bezogenen «Maxime» des sich «alber» stellen. Zwar sei der Appenzeller seiner Natur nach liebenswürdig, doch könne er seinen Witz – im Dienste der Selbstverteidigung – auch als Waffe gegen übelwollende Fremde einsetzen: «Geistreiche und wizige Einfälle sind das Eigenthum auch dessen, so den äusserlichen Anschein von Dummheit trägt. Ihre Freymüthigkeit und ihr Wiz macht sie bisweilen ihren Nachbarn, welche ihnen an diesen Gaben nicht gleich kommen, verhasst; man giebt sie für grob, beissend und ungesittet aus, das sie doch nicht sind. Lässt man sie so etwas ausser ihrer Heimath merken, so stellen sie sich noch einfältiger; sie bezahlen aber ihren Verächter ganz fein. Es ist ihre Gewohnheit, solche zu duzen, von denen sie zum voraus wissen, dass sie bey ihnen nicht wol gelitten sind; nur um ihrem Wiz desto freyer Bahn zu eröffnen.»

Schattenseiten werden offensichtlich wegretouchiert, während die «guten ingeniis» desto heller zu strahlen beginnen: «Seine anhaltende Arbeitsamkeit; sein aufgelegter Geist, in Erfindung kunstreicher Arbeiten, ohne Muster, ohne Lehrmeister, macht sie schäzbar und kenntlich.» Faesis Begeisterung wurzelt in der «Philokles»-Ode, werden doch vier Strophen zitiert und ferner Hirzels «Ehrengedächtnis» nachgezeichnet. Was Wunder, war dieses doch auftrags der Helvetischen Gesellschaft – zu ihren führenden Mitgliedern zählt Faesi – für Laurenz Zellweger errichtet und in ihrem Schosse noch vor der Drucklegung vorgetragen worden.

Landeskundliches aus appenzellischen Chroniken und Panegyrisches aus dem Bodmer-Kreis vereinen sich in Faesis «Staats- und Erdbeschreibung» zu einem höchst günstigen Charakterbild, das von der Gabe des Witzes dominiert wird. Folglich ist das Appenzell-Bild späterer Generationen vorrangig auch eine Frucht literarischer Rhetorik, die der Gattung von Bodmers Lob- und Hirzels Trauerrede entsprungen ist.[10]

Wie unsere Textzeugen erhärten, wird solches Lob aus fremder Feder bald einmal in die einheimische Landeskunde integriert. So übernimmt der Chronist Gabriel Walser in seiner «Geographie» Faesis Passage im vollen Wortlaut, so sehr muss dem ausserrhodischen Pfarrer die Botschaft aus Zürich gefallen haben. Dies ist ein erster Schritt auf jenem Weg, wo ein Fremdbild anhebt, zum akzeptierten Eigenbild eines Stammes zu werden.

Es geschah dies auch unter den Auspizien jenes Helvetismus, der zumal im Schosse des literarischen Zürich im Laufe des 18. Jahrhunderts sich zu einem neuen eidgenössischen Nationalbewusstsein heranbildete, welches «das alte ortgebundene Heimatgefühl auf das ganze Land ausweitete, als dessen mächtiges Zentrum man die Alpen empfand».[11]

Arkadische Landschaft mit Bergklotz und Hirtenstaffage, 1783. Graphische Sammlung der ETH Zürich (Gottfried-Keller-Stiftung).

V

Künden Hirzel und Faesi zumal den Miteidgenossen vom Appenzeller Witz, so besorgt dies der englische Pastor William Coxe für das europäische Lesepublikum. Seine im Jahre 1779 veröffentlichten «Briefe über den natürlichen, bürgerlichen und politischen Zustand der Schweitz» gehören zu den einflussreichsten Reiseschriften, die vor der Französischen Revolution erschienen sind. Auch Coxe spricht von der vertrauten Verbindung zwischen appenzellischer Freiheit und Freimütigkeit im Reden. Nach eigenen Angaben des Deutschen nicht mächtig, kann sich der Engländer folglich nicht auf Erfahrung gestützt haben. Wie jeder Reiseautor auf steter Jagd nach Merkwürdigkeiten, wird ihm die fragliche Neuigkeit, welche er gewiss aus Faesis «Staats- und Erdbeschreibung» geschöpft hat, willkommen gewesen sein. Die «Briefe» erschienen im Jahre 1781 in einer französischen Übersetzung, welche der Herausgeber Ramond durch zahlreiche Anmerkungen erweitert hat. Die Ergänzungen muss er dabei gleich Coxe aus Faesis Werk bezogen haben, wobei ihm freilich ein überaus belangreiches Missverständnis unterläuft. Kein Sommer vergehe, ohne dass nicht «ganze Gesellschaften von den ausgezeichnetsten Männern von Zürich und Schaffhausen zu Fuss eine Wallfahrt ins Appenzellerland machen, um ein paar Wochen mit den dortigen Hirten zuzubringen», wobei namentlich «der berühmte Gessner» und seine Freunde genannt werden. Ursache und Wirkung solchen Reisens werden mithin verwechselt, waren doch nicht die appenzellischen Hirten, sondern Philokles das wahre Reiseziel der Zürcher. Dies beweist allein schon der Umstand, dass nach dessen Tod die Besucher in Trogen jäh ausblieben. Was bei Johannes Grob zu vermuten war, gewinnt in Verbindung mit Laurenz Zellweger Konturen: einer steht nunmehr für alle! Philokles fällt der Vergessenheit anheim, doch sein Esprit vererbt sich als Witz auf seinen Volksschlag.

Ramonds falsche Sicht wird von späteren Autoren kolportiert, wobei als Ziel dieser Wallfahrten zu gleichen Teilen das «schöne, glückliche und kunstreiche Land» wie dessen «einfaches, munteres und geistreiches Volk» gerühmt werden.

Briefe

über den

natürlichen, bürgerlichen und politischen Zustand der

Schweitz.

von

Wilhelm Coxe, M. A.

Mitglied des Königl. Kollegiums zu Cambridge, und Kaplan des Herzogs von Marlborough,

an

Wilhelm Welmoth, Esq.

Aus dem Englischen, mit Verbesserungen des Verfassers übersetzt.

Zürich,

bey Orell, Geßner, Füßlin und Comp. 1781.

VI

Einen Wendepunkt in der Überlieferung markiert das Jahr 1784. Zum einen veröffentlichte der «Helvetische Calender» aus der Feder eines Anonymus das «Fragment einer Reise durch St.Gallen und Appenzell», während in Leipzig Johann Michael Affspruncs «Reise durch einige Cantone der Eidgenossenschaft» erschien.

Im Geiste des literarischen Zürich sucht das «Fragment» die «Ursachen der Appenzellerischen National-Laune» im «fortwährenden Genuss von Freiheit und Recht». Doch gewinnt das Witzbild eine neue Schattierung. Es ist nunmehr von der träfen Schnelligkeit der Gegenantwort die Rede, welches Lob in der Folge nicht mehr verstummen wird: «Mit Blitzesschnelligkeit besiegt ein Einfall den andern, und auf jede Frage folgt sogleich die treffendste Antwort.» Neben Leibesübungen komme es gar mit der Waffe des Witzwortes – als «Spiele des Geistes» – zu eigentlichen Wettkämpfen; denn die «gegenseitige Neckerey ist gleichsam ein Boxen des Witzes»; ein paar Müsterchen illustrieren es. Diese Vorstellung verrät eine ferne Herkunft vom musischen Wettstreit der Hirten Theokrits, Vergils und Gessners, welche sich im Dichten und Musizieren zu übertreffen trachteten.

Was Affspruncs Werk angeht, so lesen sich die Appenzell-Kapitel wie eine mit enzyklopädischem Wissen ausgefächerte «Ode an Philokles», welche nicht von ungefähr einlässlich zitiert wird. Doch weiss der Deutsche angesichts sich abzeichnender grosser historischer Umwälzungen der Verbindung von Witz mit «Freiheit und Recht» überdies politische Brisanz zu verleihen. Denn im Lichte bürgerlicher Freiheitsideale wird der Appenzeller Witz gegen die aristokratische Staatsform ausgespielt. Darin finde man weniger Witz als anderwärts, dürfe doch der Aristokrat nicht «witzig seyn aus Furcht er möchte seine Mitherrscher beleidigen». Weil jedoch das «freyeste Volk» – wofür die Appenzeller als Exempel gelten – «allemal das witzigste» sei, gerät das Lob ihres Witzes zur politischen Attacke gegen die Feudalordnung. In Affspruncs Schilderungen offenbart sich die Wandlung des Appenzeller Witzes vom nacharkadischen Hirtenspiel zur politischen Waffe in der Hand des freien Bürgers.

So müssen auch die zitierten «Müsterchen» verstanden werden, worin sich der Appenzeller Bauersmann jeweils mit «kältestem Blute» zu wehren weiss. Diese kaltblütige Gelassenheit, die Affsprunc zur Schlagfertigkeit hinzufügt, macht mithin ihren Witz zu einer scharfen Waffe im Dienste der Selbstverteidigung.

Eine Anekdote, die sich um den weitum berühmten Brückenbaumeister Grubenmann rankt, nennt der

J. J. Brunschweiler:
Hans Ulrich Grubenmann.
Gemeindehaus Teufen.

Deutsche das «artigste Stückchen» überhaupt, weil es «zugleich den Appenzeller am besten charakterisiert». Der Zimmermann sei einst in «eine benachbarte Republik gerufen, um eine Brücke über einen Fluß zu bauen.» «Als er dorthin kam, fing eine Wohlansehnliche Bau-Deputation ihre Conferenzen damit an, daß sie dem Grubenmann allerley Zeichnungen vorlegte, die er vielleicht nicht einmal alle verstand; als diese Conferenzen am zweyten oder dritten Tage wieder fortgesetzt werden sollten, war kein Grubenmann mehr da, indem er wieder nach Hause gereiset war. Als man an eine Obrigkeitliche Person schrieb, was doch mit Grubenmann vorgegangen sey, und diese ihn um das Abenteuer fragte, antwortete er: ‹Was hått' ich sollen dort thun, die Narren haben immer nur gesagt, wie sie es haben wollen, und nie gefragt, wie ich es machen wolle.› Man bat ihn wieder hinzugehen, welches er auch that, und hernach die Brücke bauete, die immer ein Denkmal seiner Kunstfertigkeit seyn wird ...» Diese Anekdote passt sich in das zeitgenössische appenzellische Charakterbild ein.

Grubenmann, der Freiheit und persönliche Unabhängigkeit liebt, vermag sich mit der Waffe seiner Schlagfertigkeit zumal gegen Obrigkeiten zu wehren.

Affsprunc billigt Grubenmanns Brücke bei Schaffhausen zu, sie werde immer ein «Denkmal seiner Kunstfertigkeit» sein. Dieses Lob ruft jene ältere Bedeutung des Wortes «Witz» in Erinnerung, da es noch «Verstand» und «Begabung» meinte. Der geniale Baumeister, der zugleich ein Mann von witzigem Habitus ist, rückt unvermutet an die Seite von Laurenz Zellweger. Grubenmann hat wohl neben Grob und Zellweger als dritter Erzvater unseres Topos zu gelten. Gab Zellweger vermöge seiner literarischen Bildung, seines Esprits und seiner Schlagfertigkeit das Muster eines witzigen Mannes ab, so Grubenmann seines technischen Genies und seiner freiheitsliebenden Schlagfertigkeit halber. Der aristokratische «Philosoph in den Alpen» (Bodmer) und der Handwerker aus dem Volke haben mithin das appenzellische Charakterbild entscheidend geprägt.

JOH. GOTTFRIED EBEL. M.D.
geb. in Züllichau 1764. gest. in Zürich 1830.

VII

Alle überlieferten Lobreden münden schliesslich in Johann Gottfried Ebels (1764–1830) «Schilderungen der Gebirgsvölker der Schweitz» (1798), die Bibel der Appenzell-Begeisterung des 19. Jahrhunderts. Das Land am Alpstein – einer Felseninsel vergleichbar – erscheint dem Preussen mit jenem Eilande verwandt, das damals eine erregende literarische Entdeckung zivilisationsfeindlicher deutscher Literaten ausmachte – Tahiti. Als Ebel endlich das Gelobte Land betrat und «von allen Seiten Jauchzen hörte, wohlgekleidete Menschen im lachenden Grün der Wiesen hüpfen und sich freuen sah», glaubte er «auf einer der glücklichen Inseln zu seyn, wovon sich ein Schatten im Südmeere befindet». Denn «wo man einen Haufen zusammen stehen oder sitzen sieht, da wird gescherzt und gelacht». Solcher Idyllik ungeachtet verwandelt sich aber der Witz zur vernichtenden Waffe, falls es gilt, sich gegen übelwollende Fremde zu wehren. Aus Faesis «Staats- und Erdbeschreibung» weiss Ebel zudem um die appenzellische Maxime, sich «alber» zu stellen: «Wenn ihre Gegner, dadurch dreist gemacht, ihren Spöttereien freien Lauf lassen, und sich schon an ihrem Triumphe kitzeln, so ergreift der schlaue Appenzeller plötzlich die scharfe Waffe seines Witzes und vernichtet seinen Feind, indem er ihn zum Gelächter der ganzen Gesellschaft macht.»
In der «Schilderung» findet sich die erste eigentliche Sammlung von Appenzellerwitzen, umfasst sie ja immerhin anderthalb Dutzend Beispiele. Von besonderem Reiz ist jene Anekdote, welche sich um J. J. Bodmer rankt: «Herr N. macht mit dem Professor Bodmer eine Reise zu Pferde durch Appenzell. Sie kommen an ein Gatter, welches den Weg verschliesst. ‹Mach auf Junge!› ruft N. dem Knaben zu, der dort gerade steht. ‹He, ich muss erst wissen, wer ihr seid?› ‹Ich bin – und der da ist ein Professor.› ‹Was ist ein Professor?› ‹Nun – das ist ein Mann, der alles kann.› ‹O, da braucht ihr mich nicht, er wird schon den Gatter öffnen können.›» Das fragliche Witzmuster – einem würdigen städtischen Gelehrten weiss ein keckes Appenzeller-Büblein vorlaut zu begegnen – wird später bis zum Überdruss kolportiert. Dabei erweist sich der kleine Appenzeller innerhalb des Spannungsfeldes zwischen Stadt und Land, Zivilisation und Naturnähe sowie Bildung und Hirtentum als schlagfertiger Sieger.

*Illustration zu «Le Chalet», Bettly, Max und Daniel zeigend (Szene XVII);
enthalten in: E. Scribe «Œuvres Complètes».*

LE CHALET

OPÉRA-COMIQUE EN UN ACTE

Représenté, pour la première fois, à Paris, sur le théâtre royal de l'Opéra-Comique, le 25 septembre 1834.

EN SOCIÉTÉ AVEC M. MÉLESVILLE.

MUSIQUE DE M. ADOLPHE ADAM.

Personnages.

DANIEL, jeune fermier.
MAX, soldat suisse.
BETTLY, sœur de Max.

CHŒUR DE SOLDATS.
CHŒUR DE PAYSANS ET PAYSANNES.

La scène se passe en Suisse, dans le canton d'Apppenzel.

Le théâtre représente l'intérieur d'un chalet. Deux portes latérales, une au fond, qui s'ouvre sur la campagne, et laisse voir, dans le lointain, les montagnes d'Appenzel.

SCENE PREMIÈRE.

DES JEUNES FILLES ET DES JEUNES GARÇONS DU CANTON, *portant des hottes en bois blanc, remplies de lait.*

CHŒUR.

Déjà dans la plaine,
Le soleil ramène
Filles et garçons,
Et laitière   }
Et d'un pas } agile,
Partons pour la ville,
Quittons nos vallons.

LES JEUNES FILLES, *appelant.*
Bettly! Bettly! comment n'est-elle pas ici?
Nous venions la chercher pour partir avec elle.

LES GARÇONS, *à mi-voix, et regardant autour d'eux.*
Au rendez-vous Daniel n'est pas fidèle,
Nous qui voulions rire de lui.

LES JEUNES FILLES.
Sans voir l'effet de notre ruse,
Il faut partir, il est grand jour.

LES GARÇONS.
Mais du faux hymen qui l'abuse,
Ce soir nous rirons au retour.

ENSEMBLE.
Déjà dans la plaine, etc.

(*Au moment où ils vont partir, Daniel paraît sur la montagne.*)

SCENE II.

LES PRÉCÉDENTS, DANIEL.

LES JEUNES FILLES.
C'est lui, le voici, c'est Daniel,
Le plus beau garçon d'Appenzel.

LES GARÇONS, *entre eux, à mi-voix.*
Qu'il a l'air fier et satisfait!
Il a reçu notre billet.

DANIEL.

AIR.

Elle est à moi, c'est ma compagne;
Elle est à moi, j'obtiens sa main.
Tous nos amis de la montagne
Seront jaloux de mon destin.
Longtemps insensible et cruelle,
Bettly repoussa mon amour;
Mais je reçois ce billet d'elle,
Et je l'épouse dans ce jour.

Elle est à moi, c'est ma compagne;
Elle est à moi, j'obtiens sa main.
Tous les garçons de la montagne
Seront jaloux de mon destin.

O bonheur extrême!
Enfin elle m'aime;
Je veux qu'ici même
Chacun soit heureux.
Que tout le village,
Qu'aujourd'hui j'engage
Pour mon mariage,
Accoure en ces lieux.

Que ce soir en cadence,
Et les jeux et la danse
Animent nos coteaux;
Que le hautbois résonne;
Venez tous, je vous donne
Le vin de mes tonneaux.

O bonheur extrême!
Enfin elle m'aime;
Je veux qu'ici même
Chacun soit heureux, etc.

Je suis riche, et ce que renferme
Mon cellier, ma grange ou ma ferme,
Prenez, prenez, tout est à vous,
Que tout soit commun entre nous.

ENSEMBLE.

LES JEUNES GENS, *à part.*
Comme il est dupe, ah! c'est charmant.

LES JEUNES FILLES, *à part.*
C' pauvre garçon est si content,
Il me fait d' la peine, vraiment.

TOUS.
A ce soir! à ce soir!

DANIEL.
A ce soir, quel moment!

VIII

Im 18. Jahrhundert hat man – in aufklärerischer Hochschätzung moderner Zivilisation – Ausserrhoden gerne über das rustikalere Innerrhoden gestellt. Christoph Meiners zieh die Innerrhödler gar der Rückständigkeit und Roheit und sprach ihnen jeglichen Witz ab.[12] Anfang des 19. Jahrhunderts bewirkt dann die «Molkenkur» aus der Feder des Winterthurers Ulrich Hegner (1759–1840) eine Wende. In diesem Erfolgswerk des schweizerischen und deutschen Biedermeiers schlüpft der Verfasser in die Maske eines briefeschreibenden norddeutschen Obersten, der in Gais zur Kur weilt. In dessen Augen heben sich die Innerrhödler als eigentliches appenzellisches Urvolk vorteilhaft von ihrem Bruderstamme ab. Dieser leide an Verweichlichung und Kränklichkeit, und zwar beides verschuldet durch «Handelsfleiss», «Weben in Behältern unter dem Boden» und «Sticken in engen niedrigen Stuben». Dahingegen glaubt der Deutsche im Naturzustand der Innerrhödler noch Züge jenes edlen Wilden zu entdecken, der im Gefolge Rousseaus zu den gängigen Visionen der exotischen Reiseliteratur des 18. Jahrhunderts gehörte. So frisch Hegner auch erzählt, so fugenlos lässt sich sein Volksgemälde auf die Appenzell-Begeisterung des Bodmer-Kreises zurückführen. Nicht von ungefähr gesellt sich zum deutschen Obersten ein Professor aus Zürich, eine «liebe Erscheinung» noch «aus der gründlichen Schule Bodmers und der Alten». Zum letztenmal wird dabei wohl Appenzell im Zeichen der Ode «An Philokles» beschworen, deren Verse elegisch zitiert werden.[13] Neben der Freundschaftspanegyrik und dem Appenzell-Lob jenes Poems bekundet sich in der «Molkenkur» ferner Biblisches aus Bodmers Patriarchaden, Arkadisches aus Gessners Schäferwelt sowie Moralisches und Patriotisches aus Hirzels Ideengut. Noch bereichert um die mit modischer Zivilisationskritik verknüpfte Vorstellung vom «edlen Wilden» münden alle fraglichen Traditionen in eine neue Feier Appenzells, welche den Schwanengesang des Appenzell-Kultes im Geiste des literarischen Zürich vorstellt.

Die «Molkenkur» bildet den belletristischen Gipfel der zürcherischen, eidgenössischen, deutschen und europäischen Appenzell-Begeisterung des 18. Jahrhunderts. Der Gebirgskanton wird in der Folge gar Schauplatz von Opern, so bei Adolphe Adam («Le chalet») und Gaetano Donizetti («Bettly, ossia La capanna svizzera»), denn Eugène Scribe, ein französischer Erfolgsautor aus der Zeit des Bürgerkönigs, hat nämlich die Handlung von Goethes «Jery und Bätely» schlankweg nach Appenzell verpflanzt.[14] Zwar wäre es verlockend, Hegners Porträt gerade der Innerrhödler wortwörtlich zu nehmen, doch spricht sich der Literat selbst dagegen aus. Im Bemühen, das Fiktive seines Romans gegen die nichtfiktive – mehr landeskundlich beschreibende – Reiseliteratur abzugrenzen, beteuert er nämlich, er habe keinen einzigen Innerrhödler persönlich gekannt. Dies, obzwar er eine Probe innerrhodischer Launigkeit liefert. Mit der Waffe des witzigen Schabernacks verteidigen sich die Sennen gegen einen hochnäsigen deutschen Arzt. Es ist dies eine Figur, die sich als Muster eines übelwollenden Fremden anbot. Was Hegner indessen fiktiv verstanden wissen wollte, wird vom lesenden Publikum der Schweiz und Deutschlands bald einmal als ethnische Wirklichkeit genommen. Der Erfolg des Romans verfestigt die hergebrachten idyllischen Züge im appenzellischen Charakterbild. Selbst Reclams Universalbibliothek nimmt ihn in ihr Programm auf, und Anfang des 20. Jahrhunderts nennt der bedeutende Kulturhistoriker und Essayist Herman Grimm die «Molkenkur» ein Zeugnis «reiner Dichtung». Heinrich Zschokke hat um die Mitte des 19. Jahrhunderts dem Appenzell-Bild seines Freundes Hegner zur weiteren Verbreitung verholfen, weil er das Witz-Kapitel seines Reisewerkes «Die klassischen Stellen der Schweiz» im Kolorit der «Molkenkur» grundiert.

IX

Was heute als Appenzellerwitz zu gelten hat, wird unserer Meinung nach vorzüglich vom urtümlich anmutenden Dialekt bestimmt. Mundartliches ist aber wohl nicht ohne Grund erst seit jener Zeit überliefert, als das Witz-Bild aus fremder Feder von einheimischen Autoren zum akzeptierten appenzellischen Eigenbild anverwandelt wird. In diesem Sinne beginnt der Herisauer Johannes Merz in seinem «Poetischen Appenzeller in seiner Landessprache» jene in der ausländischen und eidgenössischen Reiseliteratur vorgefundenen Proben im heimatlichen Idiom nachzuerzählen. Er tut es mit viel Geschick und im vernehmlichen Tone Johann Peter Hebels, dessen geistige Vaterschaft sich in augenfälligen Bezügen zur Idyllik der «Alemannischen Gedichte» und dem Lehrhaften der «Kalendergeschichten» offenbart. Der appenzellische Volksdichter, der aus Ebel schöpft, gibt auch die dort vorgefundene Anekdote um Bodmer in Mundart wieder. Dessen Name gerät freilich in Vergessenheit, und der gelehrte Zürcher wird jetzt zur stereotypen Figur des gebildeten Städters, dem als kontrastives Stereotyp das schlagfertige Sennenbüblein zugeordnet ist.

Einem solchen Büblein, das sich im Spannungsfeld zwischen Zivilisation und Hirtentum zu wehren hat, verhalf dann Johann Victor von Scheffels «Ekkehard» zu literarischer Prominenz. Dieser meistgelesene deutschsprachige historische Roman hat im schweizerischen und deutschen Bewusstsein wesentlich dazu beigetragen, dass sich die arkadisierende appenzellische Berg- und Hirtenidyllik auch ins gemüthaft-volkstümliche literarische Genre des 19. Jahrhunderts retten konnte.

Obzwar es uns allein um den Topos geht, soll darob die älteste Anthologie von Appenzellerwitzen nicht vergessen werden. Für solche Sprachgebilde hat jene «Sammlung von Appenzeller Einfällen» als wichtigste Quelle zu gelten, die 1829 von Ulrich Walser, Pfarrer in Trogen und nachmaliger baslerischer Politiker, herausgegeben wurde. An diese erste als eigenständige Publikation gedachte Sammlung von Appenzellerwitzen hätten Überlegungen anzuknüpfen, welcher stammespsychologische Wirklichkeitsgehalt unserem ethnischen Topos zuzusprechen wäre. Der wahre Rang von Walsers schmaler Schrift offenbart sich jedoch von einer höheren als nur helvetischen Warte aus, und zwar in Hinsicht auf eine Geschichte des Witzes deutscher Zunge. Falls wir nicht irren (einschlägige Nachforschungen hätten unseren Rahmen gesprengt), so dürfte es sich bei diesem Versuch um eine sehr frühe – vielleicht gar erste – Sammlung von Witzen handeln, die je einem deutschsprachigen Stamme gewidmet wurde. Schon aus diesem Grunde glaubten wir das verschollene und heute kaum mehr auffindbare Werklein ungekürzt in den anthologischen Teil aufnehmen zu sollen.

Die «Sammlung» umfasst zweiundneunzig Witze und Anekdoten. Dem Leser drängt sich freilich bald einmal die Frage auf, wie er diese Muster von bisweilen mattem Kolorit mit dem Ruf, der Witz sei der geistige Habitus der Appenzeller, in Einklang bringen soll. Handelt es sich hier um jene vielgerühmten «satyrischen Einfälle», von denen J.C. Hirzel wähnte, es sei «sehr leicht, unter diesem Volke eine reiche Sammlung» davon zu machen, oder sind diese Proben gar Pfeile jener «scharfen Waffe», womit die Appenzeller in Ebels Augen ihre Feinde zu vernichten pflegen? Dies alles lässt sich – was jedoch den historischen Rang von Walsers Schrift nicht schmälert – angesichts unserer Textzeugen füglich verneinen. Wiederum scheint sich unsere Vermutung zu bewahrheiten, dass sich die Kunde vom Witz eben weniger einem konkreten Umgange mit diesem Menschenschlage verdankt, sondern vielmehr aus dem Schrifttum geschöpft und zumal der Reiseliteratur abgewonnen war.

Weil Walser seine Proben auf Schriftdeutsch nacherzählt, moniert das «Appenzellische Monatsblatt», vieles nehme sich «gedruckt recht fade aus». Ein Appenzellerwitz habe «das Eigenthümliche, dass er sich meistens weit besser in mündlicher Tradition als in der Schrift verfasst ausnimmt. In fremder Sprache und in fremden Tönen nachgesprochen, geht es demselben wie mit der Alpenpflanze, die, in Gärten versetzt, gewöhn-

Gabriel Lory fils: Der Steinstösser (1804).
Graphische Sammlung ETH Zürich.

Wenngleich um ein Vierteljahrhundert verschoben, setzt das Aquarell beispielhaft jenes Wunschbild in Szene, welches die arkadische Schweiz-Idylle von den Appenzellern entwarf, die man sich als Hirtenvolk in reizvoller Gegend angesiedelt dachte. Dort winkten – in ferner Erinnerung an den antiken «locus amoenus» – Lust und Anmutsorte sonder Zahl. Ihre schattenspendenden Bäume, der einladend weiche Rasen, die frischsprudelnde Quelle und ein dies alles einhegender Felsen schien den Zeitgenossen Albrecht von Hallers und Salomon Gessners mit täuschender Echtheit im Appenzellerland verwirklicht, fand sich doch dort ein kühlgrünes weil wasserreiches Hirtenland, dessen sanft gerundete Hügelwelt vom Säntismassiv gleich einem Felsen geschützt wird.

An diesem beglückenden Naturausschnitt haben sich im Schatten breiter Eichen Lorys ideale Hirtinnen und Hirten versammelt, deren einer sich gerade im Steinstossen übt. Solche pastorale Genre-Bildchen wurzeln weniger in geschauter Wirklichkeit, sondern gehen auf Hallers «Alpen» zurück, deren Verse neben dem Ringen auch das Steinstossen als sommerliche Lustbarkeit der Älpler feiern:

Wann durch die schwüle Luft gedämpfte Winde streichen
Und ein begeistert Blut in jungen Adern glüht,
So sammelt sich ein Dorf im Schatten breiter Eichen,
Wo Kunst und Anmut sich um Lieb und Lob bemüht.
Hier ringt ein kühnes Paar, vermählt den Ernst dem Spiele,
Umwindet Leib um Leib und schlinget Huft um Huft.
Dort fliegt ein schwerer Stein nach dem gesteckten Ziele,
Von starker Hand beseelt, durch die zertrennte Luft.

Eine Fussnote des Dichters verabsäumt es nicht, dieses Steinstossen – «das dem Wesen des alten Disci ganz gleich kömmt» – in Verbindung mit den Griechen zu bringen. Nicht von ungefähr gemahnt so jener Senn Lorys, der die Gruppe der Zuschauer dominiert, nach Gestalt und Pose an antike Helden und Athleten.

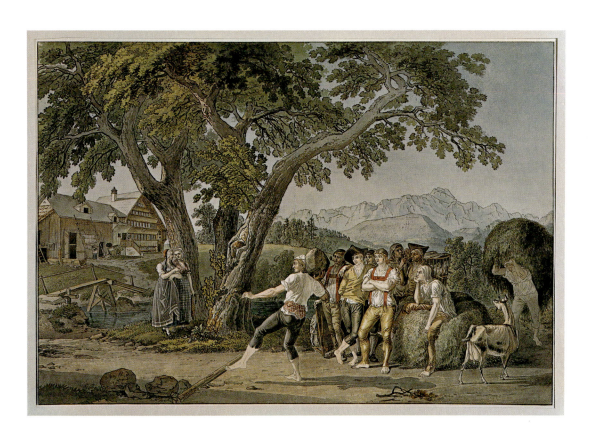

lich ihre eigenthümliche Lebensfrische verliert und dahinserbt.» Wohl durch Johannes Merz hellhörig geworden, vermisst der Rezensent jenes unabdingbare mundartliche Kolorit, das auch unserer Meinung nach einen Witz zu einem Appenzellerwitz macht. In diese Richtung dachte jedoch schon G. v. Escher, welcher Ebels «Anleitung auf die nützlichste und genussvollste Art die Schweiz zu bereisen» im Jahre 1840 neu bearbeitet hat. Dieser hätte jedoch Grund gehabt, sich darüber zu wundern, was aus seiner Lobrede geworden war. Obzwar Escher den Appenzellern eine Vielzahl guter Eigenschaften zubilligt, meldet er betreffs ihres Witzes einen bemerkenswerten Vorbehalt an: «Die Einwohner beider Rhoden sind deutschen Stammes, zeigen gute Geistes-Anlagen, viel natürlichen, freilich meist derben Witz, der jedoch oft überschätzt wird, da vieles, was auf Rechnung einer besonderen Naivität gesetzt wurde, füglich eine dem Fremden ungewohnte Betonung, u. dem fremdartigen Dialecte zugeschrieben werden kann ...»[15]

Walsers Sammlung ist als Einleitung Affsprunes und Ebels Witz-Kapitel vorausgeschickt. Johann Jakob Bodmer ist zwar vergessen, doch steht die Schrift immerhin im Zeichen jener beiden deutschen Lobredner, welche im 18. und 19. Jahrhundert aller Welt die Kunde vom Witz des Hirtenvolkes dargetan haben. Ein Fremdbild aus fremder Feder gerät so zum Eigenbild dieses Stammes, doch sind die Stifter noch in Erinnerung. Später erst werden einheimische Verfasser vom Witz als einem Charakterzug ihres Volkes seit alters sprechen.

Von der Gewissheit erfüllt, der Witz sei eine Begabung seines Stammes, siedelt – nach allerdings recht distanzierten Vorüberlegungen seitens des Geschichtsschreibers Johann Caspar Zellweger – der mehr auf Volkstümlichkeit bedachte Johann Konrad Zellweger den Charakterzug apodiktisch in der Frühe der Überlieferung an. Unbehelligt von allen tiefgreifenden historischen Umwälzungen verficht er in blumigen Worten, welche die einheimischen Schulbücher noch lange bestimmt haben, das Appenzellbild des 18. Jahrhunderts. Als Kronzeuge dient ihm dabei eine Geschichte um die Burg Rachenstein, die schon Johannes Merz auf Mundart nacherzählt hat. Darin muss es ein Appenzellerbüblein mit dem Tode büssen, dass es dem grausamen Burgvogt eine kecke Antwort gegeben hat. Panegyrisch noch hochgestimmter feiert dann Alfred Tobler in seinem gleichnamigen Buch den Appenzeller Witz. Es stellt die umfangreichste aller Sammlungen vor und wurde von späteren Kolporteuren immer wieder ausgebeutet. Gleich Johann Konrad Zellweger versteht Tobler den Witz «als nationale Eigentümlichkeit» seines Volksschlages, sei diese Veranlagung doch «im Schweizerlande so sprichwörtlich geworden, dass man einen jeden Appenzeller ohne weiteres als einen geborenen Witzbold betrachtet».

Ohne sich über die Herkunft seines Ideegutes im klaren zu sein, vergesellschaftet Tobler im wesentlichen nach Manier der Zürcher Lobredner den Witz mit der Fröhlichkeit der Appenzeller, deren Lebensauffassung er eine den Daseinsfreuden zugewandte nennt. Tobler schätzt den Witz als «eigentlich so alt, wie die Freiheit des Landes» und vermeint, die ersten Proben stammen schon aus jener Zeit, in der Appenzell sich «aus äbtischer Untertänigkeit zur Selbständigkeit emporrang». Wiederum muss dabei die Geschichte um die Burg Rachenstein als Beweis dienen. Aus so ungewisser Überlieferung folgert er kühn: «Schlagfertig, geistesgegenwärtig, rücksichtslos und verletzend: so tritt uns vor 500 Jahren der erste appenzellische Witzling, leider ohne Namen, entgegen.» Es liegt uns fern, gegen den liebevollen Sammler zu polemisieren. Inspiriert vom Volks- und Geschichtsverständnis seiner Zeit lag es für ihn nahe, den Witz als etwas seit je stammesmässig Angelegtes und dann im Laufe der Zeit organisch Gewachsenes zu verstehen. Gleichwohl sollte nicht verschwiegen werden, dass Tobler es ist, welcher vor anderen den apologetischen Kunstgriff zu verantworten hat, jenen letztlich aus dem panegyrischen Ideengut des Bodmerkreises stammenden Bund zwischen Witz und «Freiheit und Recht» schlankweg in die appenzellische Heldenzeit der Befreiungskriege zurückverlegt zu haben. Damit lieferte er eine historisch zweifelhafte, aber einleuchtende Schau. Das Werk avancierte zu einem Klassiker der schweizerischen Witzliteratur. Es vermochte die Kunde vom appenzellischen Witz auch für das 20. Jahrhundert festzuschreiben. Toblers Sicht der Dinge hat Eingang in Lutz Röhrichs Buch «Der Witz» gefunden, einer neueren wissenschaftlichen Publikation, welche gewiss nicht freundeidgenössischer Lobrede zu verdächtigen ist.[16] Der Appenzeller Witz sei «aggressiv, oft giftig und spitz» und habe «auch einen stark satirischen Zug». So mache er «vor Behörden und vor der Geistlichkeit nicht halt, und in dieser Hinsicht hat er eine lange Geschichte. Schon im 15. Jahrhundert griffen die Appenzeller den Abt von St.Gallen, den ‹bschiss'nen Uli›, wie sie sagten, mit ihrem schonungslosen Witz an. Noch heutzutage gilt der Appenzeller als Witzbold.»

J. B. Isenring: Appenzell, vom Bleichegut gegen die Hundwylerhöhe.

X

Im späten 18. Jahrhundert beteuerte Christoph Meiners, es gebe in der «flachen» Schweiz keine Stadt, und in der «gebirgigen» sei «kein Staat, dem nicht von den übrigen gewisse gehässige Vorwürfe gemacht würden». «Allein Appenzell, und zwar Appenzell Ausser-Rhoden hat», so fügt er hinzu, «das einzige Glück, dass die übrigen Schweizer es für das gelobte Land halten.» Wie in den beiden vergangenen Jahrhunderten ist auch in dem unsrigen die Kunde vom Witz als einem sprichwörtlich gewordenen Habitus dieses eidgenössischen Stammes nie der Vergessenheit anheimgefallen. So empfand es neben vielen anderen literarischen Eideshelfern auch Hermann Hesse[17], als er um 1900 vom Bodensee her mit der Eisenbahn unterwegs nach Appenzell war: «Etwas Munteres und Lebensfrohes klang auf, aber ohne jede Hastigkeit. Zwischen den Rorschachern, St.Gallern und Rheintälern tauchten auch schon manche Appenzeller auf, und je mehr ihrer wurden, desto behaglicher und frohsinniger wurde es in unserem Wagen. Es dauerte nicht lange, so waren wir mit ins Gespräch gezogen und wurden über Herkunft und Reiseziel freundlich und ohne lästige Neugierde befragt. Scherze und gute Wünsche wurden uns nachgerufen, als der Zug schliesslich in St.Gallen hielt und alle auseinandergingen.»

Unsere Überlegungen verstanden sich – wir brauchen es kaum zu betonen – nicht als volkskundlicher oder stammespsychologischer, sondern als literarhistorischer und philologischer Versuch. Obzwar auf Appenzell bezogen, will sich die vorliegende Studie freilich in einem grösseren Rahmen eingebettet wissen. Im steten Bemühen, sich in einer vielgestaltigen Welt zu orientieren, haben bekanntlich einzelne wie ganze Völker dazu geneigt, ihre Erfahrungen im Umgang mit Fremden zu verallgemeinern und später nach so gewonnenen Maximen zu urteilen.[18] Hierin wurzeln jene gängigen ethnischen Topoi, welche als stehende Wendungen – man denke etwa an die Slogans vom «perfiden Albion» oder dem «stolzen Spanier» – in der Sprache verankert sind. Der Ursprung solcher Topoi verliert sich zumeist im Dunkel der Geschichte. Wenn bei ihrer Schaffung gar Feindschaft mit im Spiele war, so fallen die ihnen zugrunde liegenden vorurteilshaft gefärbten Vorstellungen nicht immer so schmeichelhaft aus wie betreffs des Topos vom «witzigen Appenzeller».

Äusseren Anlass für die Schöpfung des vom Witz dominierten Charakterbildes der Appenzeller bot neben der Erinnerung an den moralsatirischen Epigrammatiker Johannes Grob aus dem Toggenburg zumal das Lob des Bodmer-Kreises auf den mit weltläufigem

Esprit begabten Laurenz Zellweger. Durch den genialen Brückenbauer Ulrich Grubenmann zum Dreigestirn erhoben, prägte deren im belletristischen, landeskundlichen und reiseliterarischen Schrifttum vermitteltes Porträt das ethnische Profil ihres Stammes. Obzwar an die drei Männer anknüpfend, war es freilich vorab die arkadische Schweiz-Idyllik des 18. Jahrhunderts, welche einem ehedem unbekannten Gebirgsvolke am Rande der Schweiz zu einem so günstigen Ruf verhalf, und zwar im Zeichen Albrecht von Hallers, Jean-Jacques Rousseaus und Salomon Gessners. Dabei enthüllte sich, dass betreffs jener Bilder, welche Stämme und Nationen voneinander oder von sich selbst machen, die «res fictae» wohl reizvoller sind als die «res factae».

I
J. Grob – Barocke Satire aus «Herisau im Lande Appenzell»

Aus
«Dichterische Versuchsgabe» – «Bestehend /
In Teutschen und Lateinischen Aufschriften, /
Wie auch etlichen /
Stimmgedichten oder Liederen». Basel 1678.

Vorrede «An den gunstmühtigen Leser»

Komt dan abermal ein neuer Poet aufgezogen, möchten wol bei erstem anblike dieses büchleins des geneigten Lesers seine gedanken sein: Aber ach nein, kein neuer Poet (dan diser Name erfordert weit ein mehrers, als sich mancher einbildet, oder meine bewandtnus zugiebt) sondern nur ein geringer Liebhaber der rechtschaffenen alten und neuen Poeten. Gleich wie aber diejenigen, welche oft mit einer gattung Menschen umgehen, leichtlich etwas von derselben sitten und gewohnheit an sich nemen, und gleichsam ererben; eben also ist es mir auch mit den Poeten ergangen, daß ich nach dero vielmals gepflogener gesellschaft, und stummer Sprachhaltung dahin gekommen bin, daß mir über einen und anderen anlaß zuweilen ein paar verse entfallen, biß ich endlich meine müßige zeit mit dergleichen kurzweile zu versüßen angefangen habe.

Nachdem es aber nunmehr in einen völligen gebrauch erwachsen, daß so bald einer etwas dergleichen auf papier gebracht, er selbiges ohne weitläuffige berahtschlagung vermitelst des truks unter die leute streuet; als habe ich mich dieser durchgehenden gewohnheit auch freiwillig underworffen, in hoffnung, daß was andern in jezigem weltalter billich, mir ebener massen nicht unrecht sein werde. Überreiche hiemit dem Leser diß wenig meiner Gedichte, welche sich den namen einer Versuchsgabe zugeeignet, an zu deuten, wenn Er solche nur zu versuchen aufgestellte Erstlingfrüchte schmakhaft befindet, daß båldest noch mehr dergleichen zu bekommen wåren: Wenn sie Ihm aber unangenehm fallen, so sei es um das kosten zu thun gewesen und werde Ihm nicht mehr als so viel weder mund noch magen verderben, minder noch einen ekel zu anderer speise verursachen.

Wie wird sich aber Zoilus hier anlassen? Ich mache mir keine andere rechnung, als daß er nach unverständigem Versuchen das gesicht verstellen, außspejen, und sich geberden werde, als wolte er ihm selbst die zunge auß dem rachen reissen: Allein er mag wissen, daß ich sein ungutes beginnen mit rühigem gemühte verachten und verlachen werde. Was aber Ihn belanget, kunst- und gunstfertiger Leser, lebe ich der zuversicht, Er werde Ihm entweders diese meine Versuchsgabe, oder so solches wegen ihrer beschaffenheit nicht sein kan, den willen und die bemühung großgünstig gefallen lassen. Hiermit Gottes gnadenwaltung befohlen.

Herisau im lande Appenzell
am 1. tage des weinmohndes, 1677.

AUS
«DICHTERISCHE VERSUCHSGABE» UND «REINHOLDS VON FREIENTAHL / POETISCHES / SPAZIERWÄLDLEIN, / BESTEHEND IN VIELERHAND / EHREN- LEHR- SCHERZ- UND STRAFGEDICHTEN. / GEDRUCKT IM JAHRE 1700»

ÜBER DAS TRINKEN

AUF EINEN VERSOFFENEN BAUERN

Du rühmest deinen Hof, der reich an allen Dingen;
Du sprichst, es könn' ihm auch kein Wasser Schaden
   bringen.
Ich glaube freilich wohl, das Wasser schad' ihm nicht:
Wenn nur der gute Wein ihn nicht zugrunde richt.

AUF DEN SCHMELZKÜNSTLER DIETRICH

Du kannst, o Dieterich, im Grunde künstlich handeln,
Gold, Silber, Zinn und Erz in feuchten Wein
   verwandeln;
Du hast auch sehr behend, worauf du ganz erpicht,
Aus deiner Nase Blei ein Kupfer zugericht.

Reinholds von Freientahl Poetisches Spazierwäldlein,

Bestehend in vielerhand

Ehren- Lehr- Scherz- und Strafgedichten.

Gedrukt im Jahr 1700.

Von dem starkhirnigen Zechmann

Zechmann sagt, es werde kaum seinesgleichen angetroffen,
Er verliere den Verstand nie, wie sehr er auch besoffen;
Lass es sein, er ist deswegen nicht mit sonderer Art begabt:
Keiner kann ein Ding verlieren, so er nimmer hat gehabt.

Kupfernasen

Was bedeuten dicke Nasen, mit Rubinen ausgestickt?
Nur des Bacchus Herrenfarbe, die er seinen Knechten schickt.

*

Von den Frauen

Von der betrübten Flavia

Die frische Flavia will schier vor Schrecken beben,
Dass sich ihr zarter Leib beginnet zu erheben;
Sonst sollt' ob vollem Bauch das Herze fröhlich stehn;
Bei Jungfern aber muss der Puls viel schwächer gehn.

Von der Florilla

Florille weilet nachts so lang auf unsern Strassen,
Dass sie es oftmals Mitternacht hat schlagen lassen,
Eh sie nach Hause ging. Man sagt ihr: «Liebes Kind,
Die Nachtluft hat Gefahr.» Sie schlug es in den Wind.
Seither ist ein Gerücht in dieser Stadt erschollen,
Das Jungfernbäuchlein sei Florillen sehr geschwollen.
Wo kommt dies Unheil her? Die Nachtluft hat's gemacht.
So geht es, wenn ein Mensch getreuen Rat veracht.

Jungfräuliche Unterweisung

Zarte Jungfern höret doch, lasst mich euch was Gutes gönnen,
Glaubet den Gesellen nicht, die so höflich buhlen können,
Seid nicht kindisch, liebe Kinder, nehmt nicht süsse Reden an:
Denket nur, sie haben solche hundert andern schon getan.

An eine Braut

Man sagt, dein Bräutigam werd' im betagten Leben
Sich nach Geschlechtesart zu fest dem Wein ergeben,
Ach Nymphe, förchte nicht, was künftig werden soll:
Dein trauter Herzensfreund, der säuft sich jetzt schon voll.

An die Doris

Deiner Schönheit hohe Zier, deine seltnen Geistesgaben
Machen, dass im Herzen wir Liebesflammen zu dir haben;
Doris, wenn du dieses glaubst, ach so hast du schlechten Witz:
Deiner goldnen Dublen Strahlen bringen uns die Liebeshitz!

Auf eine arme geschminkte Jungfer

Deine rotbemalten Wangen bringen dich noch nicht empor:
Gelbes Gold und bleiches Silber zieht man deinen Farben vor.

Verlegene Ware

Was hat wohl das Jungfernvolk unsrer Zeit dahin getrieben,
Dass sie falsche Wangenzier und gekaufte Klarheit lieben?
Nur das lange Ledigbleiben: Diese War' erklärt sich frei,
Dass sie nunmehr zu verkaufen oder zu verschenken sei.

*

Von den Männern

Auf eifersüchtige Männer

Stets geplagte Narrenzunft, sagt, was soll des Eifers Wüten?
Ist es nicht vergebne Müh' eine fromme Ehfrau hüten?
Ist sie nicht schon treu gesinnet, ach der armen Wächterkunst!
Denn sie sucht die Lust zu büssen, wie die Hirsche in der Brunst.

Auf einen Reichbeweibten

Armer Mann, dein reiches Weib, die das Leben dir verbittert,
Flucht und poltert, dass davon oft dein festes Haus erzittert!
Lern die Schätze jetzt verwünschen, welche dich verliebt gemacht:
Deine Frau, sie hat dir wahrlich Blitz- und Knallgold zugebracht.

Von dem Glattmunden

Glattmund wird Verstand und Witz hundert Jahre gut bewahren,
Weil er diese beiden pflegt in der Jugend sehr zu sparen.

Der eingebildete Ortlieb

Ortlieb wär' ein wackrer Bursche und berühmt in aller Welt,
Wenn er andern halb gefiele, wie er selbst sich ganz gefällt.

Untreue schlägt ihren eigenen Herrn

Wenn ein Mann, der vor der Eh'
Sich nicht gar zu fromm gehalten,
Noch hernach, wie oft geschieht, muss bei einer Dirne alten,
Sollt' er sich darum betrüben? Nein, er sei nur unverzagt:
Hat er doch zuletzt gefangen, was er vormals oft gejagt.

Von dem Bertramen

Bertram liebet nur die Nacht, diese kann ihm Freude bringen,
Denn da stellt er Gastung, pflegt zu spielen und zu springen;
Kommt der Tag, so geht er schlafen,
   Denn der bringt ihm nur Verdruss.
Was bedünkt euch, ist denn Bertram nicht ein Kind der Finsternus?

Von dem Wolfharden

Wolfhard sagt, ich dünk' ihn närrisch; o es ist mir gar nicht leid:
Denn wen Wolfhard weise schätzet, ist gewisslich nicht gescheit.

Von dem ertrunkenen Nicander

Dass Nicander in dem Fluss,
   Als er trunken, gar ertrunken,
Nicht emporgeschwommen ist,
   Sondern auf den Grund gesunken,
Find ich wahrlich wunderwürdig,
   Weil es nicht der alte Lauf:
Denn in Fleisch- und Wassersuppen
   Schwimmt das Fettest' obenauf.

Von dem Bruno

Bruno findet immerzu gute Leute,
   Die ihm borgen,
Wächset gleich der Schulden Last,
   Lebt er dennoch ohne Sorgen,
Denn er lässt stehts jene sorgen,
   Welchen er im Buche steht,
Wie sie zu Bezahlung kommen,
   Wenn es an den Kehrab geht.
Bruno kommet nirgendshin, da nicht Leute zu verspüren,
Die ihn grüssen und darauf heimlich mit ihm Reden führen.
Hat er denn so grosses Glück, dass er überall bekannt?
Ach, er wird nur allerorten zu bezahlen angemahnt.
Dass sich Bruno gerne lobet, solches halt' ich ihm zugut:
Denn er muss es selbst verrichten, weil es niemand anders tut.

✶

Barocke Ständesatire

Auf einen hinwegziehenden Arzt

Herr Doctor, seit hinwegzuziehen du dich entschlossen,
Trau'rt mancher Handwerksmann; denn welch ein übler Possen
Geschieht der Schreinerzunft, die Totensärge macht,
Die du durch deinen Fleiss hoch in den Preis gebracht.
Der Maler steht betrübt und klaget dich nicht minder,
Der durch des Pinsels Zug die abgestorbnen Kinder
Oftmals entwerfen muss; du brachtest ihm Geniess,
So vielmals wie man dich zu Kindern holen liess.
Der Priester siehet sau'r, man hört den Glöckner klagen,
Der Totengräber will vor Leide fast verzagen;

Die Schul' und ihr Regent zieht Trauerkleider an,
Weil man nicht mehr so oft zu Grabe singen kann.
Der Maurer ganze Schar erzeigt sich auch bestürzet,
Weil ihre Hoffnung sich deswegen jäh verkürzet,
Man stach ja schon den Raum zum neuen Kirchhof ab:
Dass dies nicht vor sich geht, macht nur dein Wanderstab.

Von Werner dem Arzte

Werner ist ein Stoikus, die den Tod so hoch erheben;
Trauet seinen Künsten nicht, besser ist vor Fieber beben:
Werner hat noch alle Kranken, deren Arm er angerührt,
Dieser eiteln Welt entlastet und dem Tode zugeführt.

Von dem Arzte Sabinus

Sabinus hat mir zwar das kalte Weh vertrieben,
Mich aber durch den Lohn schier wieder aufgerieben,
Daher gesteh' ich frei: Ich weiss ihm keinen Dank,
Vor kurzem war mein Leib, jetzt ist mein Beutel krank.

Über eines Becken neues Haus

Ihr Bürger dieser Stadt, kommt her und nehmt in Acht,
Wie euer kleines Brot so grosse Häuser macht.

Von dem Otto

Otto lässt sich die Person im Gerichte nicht verblenden,
Denn er trägt das liebe Recht, wenn er urteilt, in den Händen;
Otto pfleget nicht zu fragen, ob es Meister oder Knecht:
Welcher ihm das meiste gibet, der erlanget schleunig Recht.

Auf einen reitenden Priester

Du suchest deine Lust mit Reiten, Springen, Rennen
Und weissest meisterlich die Pferde zu erkennen;
Allein ich sorge sehr, du nimmst die Pferd' in Acht
Und tragest mittlerzeit der Schäflein keine Wacht.

*

Tugend und Untugend

Lohn der Spötter

Wer sich immer fertig hält andre Leute zu verlachen,
Der gedenke nur, die Zeit werd' es quitt und eben machen;
Jeder Spötter wird zuschanden und bekommt den Gegenlohn:
Denn wer jedermann verspottet, wird zuletzt auch aller Hohn.

Hoffart und Narrheit wohnen beisammen

So wenig Hitz' und Kält' einander leiden können,
So wenig Fried' und Krieg einander Wohnung gönnen:
So wenig mögen Witz und Stolz beisammen sein;
Nur wo die Torheit wohnt, da kehrt die Hoffart ein.

*

An den Leser

Verwundre dich ja nicht, dass, was ich hier geschrieben,
Nicht zart ist, sondern hart, und gleichsam ungerieben;
Des Namens Eigenschaft liegt meinem Dichten ob,
Es bleibet wohl dabei: ich schreib' und heisse grob.

Das Buch von sich selbsten

Wer Zucht und Tugend ehrt, darf wohl der Laster spotten,
Dies tracht' ich auch zu tun und meide wüste Zoten,
Ich mache niemand kund, die Namen sind erdicht,
Verrät sich jemand selbst, für solches kann ich nicht.
Wer mich nicht gerne liest, der lass es unterwegen,
An vielen Lesern ist mir wahrlich nicht gelegen;
Wer im Gedränge steht, der leidet manchen Stoss,
Viel Leser machen nur der Tadler Haufen gross.

Übertriebene Höflichkeit ist verdrüsslicher als Grobheit

Mit erzwungener Höflichkeit alles übertreffen wollen,
Ist ein sehr verhasstes Ding, welches Kluge meiden sollen;
Zeige dich in solchen Sachen nicht zu rauh und nicht zu zart:
Grobheit ist den Männern lieber als die weiche Sittenart.

✶

Hans Jakob Oeri (1782–1868): Der Streit der Zellweger und Wetter zu Herisau 1732.

Das Werk verherrlicht eine angebliche Heldentat Laurenz Zellwegers, die mit der Freiheit des Wortes zu tun hat. Als zur Zeit des «Appenzellischen Landhandels» die Regierung am 14. November 1732 in Herisau tagte, brach der Sturm der Entrüstung los. In Stellvertretung für seinen kränklichen Vater habe Laurenz Zellweger versucht, mit der vor dem Ratssaal versammelten gegnerischen Partei zu verhandeln, allein er wurde niedergebrüllt. Da soll er seinen Degen gelöst und die Bedroher aufgefordert haben, ihn lieber gleich zu töten, wolle er doch nicht in einem Lande leben, wo das freie Wort nicht mehr gewährleistet sei. Dies beruhigte die Menge! Johann Jakob Bodmers Ode «An Philokles» spielt auf die Begebenheit an. Damit gewinnt jener Bund aus republikanischer Freiheit und Freiheit zumal auch zum witzigen Wort, der für den Ursprung des Topos «Appenzeller Witz» bedeutsam ist, unverhofft einen heldischen Anstrich. Aus diesem Geiste ist auch Hans Jakob Oeris Historienbild geschaffen.

II
Frühe Nachrichten vom Charakterbild der Appenzeller

Joachim von Watt (Vadianus) – Abt Ulrich und die Appenzeller

«Darum (in) die Appenzeller den bschissnen Uoli hiessend und ainer zu Wil uf ain Zit im under die ougen redt: Ei du bschisst mich nit, wan kent dich wol! Daruf abt Uolrich geantwurt: Ir Appenzeller sind mir ganz ufsåtzig und abhold; aber gedenkend minen darbi, es wird etwan ainer nahen komen, für den ir mich wunstend. Hat der Appenzeller daruf offenlich geredt: Solte dan ain böserer komen, dan du bist, so müest es der tüfel ger sin. Welich red der abt mit ainem gelächter empfangen und also verschluckt hat.»

B. Bischoffberger
Aus
«Appenzeller Chronic ...» St. Gallen 1682.

«Von guten Ingeniis, wiewol sie sich alber stellen» –

«Weilen auch der Lufft frisch / das Wasser gesund / die Weiden gruendig und gut / so gibt es (Gott habe Danck) / wenige Viehpresten ...»

«Und weilen die Milch-Speisen beydes gemein / und auch frisch sind / ... / so ist desswegen das Weiber-Volck in dem Land nicht unansehnlich / die Maenner aber starck von Leib / vest / dur- und mannhaft / zu allerhand mannlichen Verrichtungen / bey Friden- und Kriegs-Zeiten nicht untuechtig / von guten Ingeniis / wiewol sie sich alber stellen.»

G. Walser
Aus
«Neüe Appenzeller Chronick ...» St. Gallen 1740.

Die Appenzeller brauchen «eine gantz eigene Maxime»

Die Sitten des Volcks sind sehr ungleich, und komt meistens auf die Education und Conversation an: Da die, so unter einer guten Anführung stehen, gute Manieren zu leben an sich nehmen, die andern aber bey ihrer gewohnten und freyen Lebens-Art bleiben.

Anbey sind sie insgemein verschlagen / arg und listig / arbeitsam / hertzhafft und von freyer Art; haben gute Ingenia, so zu Erlehrnung allerhand Künsten und Wissenschaften, auch nutzbarn Inventionen gar bequem sind. Brauchen eine gantz eigene Maxime, daß sie sich vielmahlen mit Fleiß alber oder einfältig stellen, um andere hierdurch zu sondiren oder auch zu agiren.

Wiewohlen sie mehr Wercks von der Aufrichtigkeit als Höflichkeit machen, so sind sie doch gegen Fremden freundlich und dienstfertig / und wenn sie unter civilisierten Völkern von aussen her wohnen gewehnen sie sich zu einer guten Conduite.

Bodmer als Lehrer der Zürcher Jünglinge.

III
Das literarische Zürich um J.J. Bodmer in Arkadien – Die Stiftungsurkunden des Appenzell-Lobs

J.J. Bodmer

«Ode an Philokles». Zürich 1747 – Nachrichten von den Appenzellern

Der Schiffer, der an Schwabens fruchtbaren Ufern
Den Bodensee mit leichten Kähnen besegelt,
Sieht südwerts seltsame Gestalten der Berge
      Den Himmel begränzen.

Dort streket der Camor den liegenden Rüken,
An welchen aufwärts sich der Alteman lehnet;
Dann hebet sich mit aufgethürmeten Gipfeln
      Der höhere Säntis.

Zu ihren Füssen liegt ein bergigt Gefielde,
Mit tiefen Klüften als mit Furchen durchschnitten;
Doch an den Seiten mit weitwurzelnden Tannen
      Vor Einfall verwahret.

Hier wohnt ein Volk verstreut an rinnenden Brunnen
Das in den Stand des unterthänigen Lebens
Nur einen Schritt gethan, mit furchtsamen Füssen,
      Und den schon bereuet.

Die Sorge für die Keuschheit einer Matrone
Macht den Meiländer nicht so ungereimt ängstlich,
Als dieses Volk die schier ausschweifende Sorge
      Für Freyheit und Rechte.

Es hält so eifrig auf die Rechte der Freyheit,
Daß selbst sein Freund es übel mit ihm verderbte,
Der eine Bürd' ihm ungebeten vom Naken
      Zu wälzen gedächte.

Hier schämet sich der Mensch noch nicht vor dem
  Menschen,
Und hat noch nicht gelernt sein Herz zu verbergen,
Hier zeigt sich das Bedürftniß und das Gefühle
      Des menschlichen Herzens.

Philokles – Ein Appenzeller von Esprit

Dem hat der Himmel Kunst und Weisheit verliehen,
Daß er durch Kräuter und durch heilende Säfte
Die Kranken, welche schon am Acheron stehen,
      Ins Leben zurükzieht.

Doch kennt er nicht allein die Tiefen des Körpers,
Er sieht ihn durch bis in die innerste Seele,

Sieht der Gedanken Wesen in ihm entstehen,
                Und mit ihm erwachsen.

Wer kennt so gut, als er, die Schwäche des Menschen,
Die Ohnmacht seines himmelstürmenden Stolzes,
Die Hölle, die des Aberglaubens Gespenster
                Für Thoren erbauen?

Noch mehr halt ich auf sein freundschaftliches Herze,
Das meine schwersten Sorgen mit mir getheilet,
Als ich die schönre Hälfte von meinem Leben
                Frühzeitig verloren.

Ihm darf ich meiner Seelen innerstes zeigen,
Den stärksten so, wie den unreifsten Gedanke,
Er bringet den zu seiner Zeitigung nahe,
                Den hebt er noch höher.

Wir haben oft auf des Gaberius Höhen,
Im Angesichte des Camors und des Meßmers,
Die Häupter freyer Staaten, und die Monarchen
                Gelehrt und gezüchtigt;

[...]

Oft haben wir in einer russigen Hütten
Der Menschen Zustand nach dem Tode bestimmet,
Und Meiers gründlichen Roman bald geglaubet,
                Und bald widerleget.

Da mittlerweil in dem sanftsiedenden Kessel
Die zähen Hefen Rohm zu Zieger gerannen,
Und dünne, süsse, bluterfrischende Molken
                Zum Trank überliessen.

Ein Dichter sagt, daß diesen irdischen Nektar
Der Aerzte Gott, Apoll, die Menschen gelehret,
Als er vor Alters bey dem König Admetus
                Der Heerden gehütet.

Wir trunken stark. Hier war kein Rausch zu besorgen.
Nichts unterbrach die langen strömenden Züge,
Als eine Pfeife von wolriechendem Knaster,
                Und süssere Reden.

O wer beneidet bey dem harmlosen Leben
Die niedre Herrschaft und den Stolz der Monarchen!
Wer wünschte sich dafür den rasenden Bacchus
                In strudelnden Bechern!

Die Alpen.

Von
Albrecht von Haller.

Bern, auf Kosten der typographischen Societät,
1795.

LES ALPES.

Par M. Alb. de Haller.

BERNE, CHEZ LA SOCIÉTÉ TYPOGRAPHIQUE.

1795.

J. J. BODMER
AUS
«EDWARD GRANDISONS GESCHICHTE IN GÖRLITZ».
BREMEN 1755. – «FREYMÜTHIGKEIT IM REDEN» und
«RECHTE DER FREYHEIT».

Man sagte noch vieles, das ich übergehe, ich habe auch bisher sehr abgekürzet. Wir gebrauchten uns des Rechtes, das wir behauptet hatten, von den Vorzügen und den Fehlern der deutschen Nation zu reden, ohne das geringste Zurückhalten. Der Geist der Freyheit war gedoppelt über uns gekommen:
wie konnte es anders seyn in dem Vaterlande
des Philokles?

– – Hier schämt sich der Mensch noch nicht vor den Menschen,
Und hat noch nicht gelernt, sein Herz zu verbergen – –

Aber wir sind nicht allemal so ernsthaft; bisweilen rufet die Freyheit einen andern Geist,
der gerne zu ihr kömmt ...

[...]

Dann scherzen, dann lachen wir; dann messen wir unsere Scherze nicht immer nach den strengsten Regeln, wir nehmen fremde Personen an, wir erscheinen in allerley Gestalten, wir erlauben uns jeux d'esprit und jeux de mots durch einander.»

J. H. WASER
AUS
«EINES SCHWEIZERS BESCHREIBUNG DER APPENZELLER»
HALLE 1770.

Freund, komm ins Appenzellerland
Komm, trink mit mir gesunde Schotten
Mit B^{xxx}, K^{xxx}, L^{xxx}, H^{xxx}, R^{xxx} und noch zween Freunden.
Rein, wie der Schnee, natürlich wie das Land.
Sieh doch, ists Land, ists Stadt zu nennen,
Was hier sich von den Höhen weißt?
Sieh dort ein Haus, und hier ein paar,
Hier wiedrum drey, dort einen Stall,
Durch alle Thäler, alle Hügel,
Sind sie von Schritt zu Schritt zerstreut,
Wie eine Heerde, welche weidet.
Komm, sieh es an, und schöpfe Lust,
Komm, sieh doch an, mit deinen Freunden,
Wie, bey den Leuten diese Gegend
Der ersten Einfalt frohes Wesen,
Und, neben ihr, der feinste Witz,
Sich ihren Sitz zugleich gefunden.
Wie, wenn sie lieben, zürnen, spielen,
Und sonst was immer unternehmen,
Ihr Geist *ganz, stets* und *ohne Scheu*
In *alle* ihre Glieder tritt.
Die Augen, Wangen, Zungen, Hände,
Ihr Kopf, der Körper, ihre Füße,
Die, (deucht dir) lieben, hassen, spielen,
Die zürnen, trinken, nicht der Mensch.

✶

Komm, höre ihren Kuhgesang,
Den Reihen, darauf Könige
Sich oft schon was zu gut gethan,
Die Triller, womit Appenzeller
Auch Virtuosen selbst beschämen.

*

Komm, hier ist Freude überall
Hier hüpft, hier klatscht, hier lacht sie froher,
Als selbst in königlichen Sälen.
Hier sitzt sie Bettlern im Gesicht,
Hier hält sie ihre Feyertage.

*

Komm, hör, wenn K*** nun Geschichte
Von Apenzellern will anheben,
Er weiß, und sagts in ihrer Sprach,
Was der geredt, wies hier gegangen.
Was einst, (zum Beyspiel) jener that,
Nachdem der Gaul ihn abgeworfen,
Weil er, nach Apenzeller Weise,
Nicht ruhig auf ihn sitzen konnte;
Wie er, entrüstet, aufgestanden,
Im Zorn den Sattel abgenommen,
Dem Gaul ihn selber nachgetragen,
Und schrecklich so den Schimpf gerochen.
Halt, sprach er: Gaul, ich will dichs lehren!
Willst du nicht leiden, daß ich reite,
So sollst du auch gewiß nicht reiten.
Hör, wie bey ihren Landsgemeinden
Die Freyheit spricht, herrscht, exequiret.

Komm, sieh, wie sie die Kräfte üben,
Durch Spiele, die den Alten gleichen,
Durch Steine stoßen, ringen, springen.
Hör, wie nicht längstens ganze Roden,
Auf Matten sich versammleten,
Und eine jede der Gemeinden,
Vorsichtig ihren besten Läufer
Sich ausgewählt, um in die Wette
Mit dem, den ihre Wiederpart
Vor sich erkieseten, zu laufen.
Hör, wie am Sieg des Ueberwinders
Die ganze Rode Theil genommen.
Und wie die Ueberwundenen
Auf künftige Gelegenheiten
Mit Ungeduld und Scham gewartet.
Doch hör' dieß nur, du siehsts nicht mehr.
Gesetze habens aufgehoben.
Der Streiter Hitze war zu groß.

*

So sey es denn, wohlan, so komme.
Komm her zu diesen seltnen Leuten,
Den Schweizern, unter allen Schweizern,
Den frohen Apenzeller Seelen.

64

IV
Appenzell – Eine alpine Hirtenidylle im Zeichen des Witzes

J. C. Hirzel
Aus
«Denkmal Herrn Doctor Laurenz Zellweger aus Trogen ...»
Zürich 1765. – «Natürlicher Witz» und «Vergnügtsein».

Bey diesem Volke herrscht die democratische Regierungsform, und ich zweifle, ob ein Volk in der Welt so sehr seine Freyheit liebe, als dieses; nur ein Schein einer Gefahr, solche zu verliehren, bringt dasselbige in die äusserste Wuth.
Es hält so eifrig auf die Rechte der Freyheit,
Daß selbst ein Freund es übel mit ihm verderbte,
Der eine Bürd' ihm ungebeten vom Nacken
Zu wälzen gedächte.
Einer solchen ausserordentlichen Liebe zur Freyheit, welche eine Eifersucht gegen die äussere Unterscheidung erzeuget, hat man es zuzuschreiben, daß die schlimmen Folgen des Reichthums, Prachts und Uebermuths langsamer eingedrungen, und sie verspricht diesem Volk eine lange Dauer seines Wohlstandes. Indessen hindert diese ausserordentliche Liebe zur Freyheit nicht, daß die Gesetze und Policey Ordnungen nicht das gröste Ansehen behaupten; selten wird man die äussere Sittsamkeit in schönerm Lichte sehen als in diesem Lande; Tanzen und Spielen ist völlig verbannt, und an den Feyertagen siehet man Junge und Alte sich mit Spaziergängen, unter vertrauten Gesprächen über die Geschäfte des Landes, der Handlung u.s.f. ergötzen, oder sie sitzen zusammen, mit geistlichen Liedern sich die Zeit auf eine erbauliche Art zu verkürzen, oder sie lesen die Geschichten ihrer Vorältern; denn selten siehet man ein Volk, bey welchem die Geschichten des Landes und die Gesetze desselbigen so allgemein bekannt sind.
Eine andere Folge ihrer Freyheit ist ihre Freymüthigkeit im Reden, welches ihren Umgang lebhaft, und jedem, der einen natürlichen Witz zu schätzen weiß, angenehm macht. Weil sie meistens vergnügt sind, so erzeuget dieses einen allgemeinen Hang zu lustigen satyrischen Einfällen. Es ist sehr leicht unter diesem Volk eine reiche Sammlung von solchen Einfällen zu machen, denn man hört selten eine Antwort von einem Appenzeller, welche nicht einen Scherz enthält.
Dieses erzeuget bey diesem Volke eine ausserordentliche Liebe zum Vaterlande. Der Appenzeller findet sich nirgend so glücklich als in seiner Hütte ...»

Johann Conrad Fäſis,

Pfarrers der Gemeinde Uetikon an dem Zürich=See,
und Mitglieds der Eidgenöſſiſchen Geſellſchaft
zu Schinznach,

genaue und vollſtändige

Staats= und Erd=
Beſchreibung

der ganzen

Helvetiſchen Eidgenoßſchaft, derſelben gemeinen
Herrſchaften und zugewandten Orten.

Dritter Band.

Mit gemein=Eidgenöſſiſchen allergnädigſten Privilegien.

Zürich, bey Orell, Geßner und Compagnie. 1766.

J. C. Faesi
Aus
«Genaue und vollständige Staats- und
Erdbeschreibung der ganzen helvetischen
Eidgenossenschaft». Zürich 1766. – der «witzige»
Appenzeller im Kreise der Miteidgenossen.

Der Character der Appenzeller ist in vielem original. Ueberhaupt ist das männliche Geschlecht ansehnlich, wol gewachsen, stark. Ihr von Natur harter Boden legt ihnen strenge Arbeit auf; er schaft ihnen aber auch gesunde, starke Glieder. Der Appenzeller ist (nach dem Sprüchwort) zu gar allem brauchbar. Seine anhaltende Arbeitsamkeit; sein aufgelegter Geist, in Erfindung kunstreicher Arbeiten, ohne Muster, ohne Lehrmeister, macht ihn schäzbar und kenntlich. Unter dem gemeinen Land-Volk findet man die grösten Künstler in der Mechanik, Hydraulik, Bau-Kunst, Uhrenmacherey, in Eisen- Stahel- und Holz-Arbeit, die feinsten Köpfe in Erfindung und Anordnung neuer Fabriken und Manufacturen, ... Eine natürliche Einfalt, mit starker Vernunft und lebhaftem Wize gepaaret, Offenherzigkeit, auch Redlichkeit (wenigstens unter sich selbst) unterscheidet sie von andern Eidgenossen. Geistreiche und wizige Einfälle sind das Eigenthum auch dessen, so den äusserlichen Anschein von Dummheit trägt. Ihre Freymüthigkeit und ihr Wiz macht sie bisweilen ihren Nachbarn, welche ihnen an diesen Gaben nicht gleich kommen, verhaßt; man giebt sie für grob, beissend und ungesittet aus, das sie doch nicht sind. Läßt man sie so etwas ausser ihrer Heimath merken, so stellen sie sich noch einfältiger; sie bezahlen aber ihren Verächter ganz fein. Es ist ihre Gewohnheit, solche zu duzen, von denen sie zum voraus wissen, daß sie bey ihnen nicht wol gelitten sind; nur um ihrem Wiz desto freyer die Bahn zu eröffnen. Zur Musik haben sie einen natürlichen Hang; sie treiben aber auch eine ganz eigene. Die Alp-Musik, die Küh-Reihen, die Sennen-Sprüche der Appenzeller-Landleute sind unnachahmlich; wer sie nicht von frühester Jugend an gelernt hat, wird in dieser ganz eigenen Kunst nicht einmal ein Stümper, vielweniger ein Meister. Kriegs-Gesänge, um einander zur Herzhaftigkeit anzuführen, waren ehedem, und auch noch dermalen, in Uebung. Die Liebes-Gesänge nehmen sich durch ihre Kürze und geistreichen Einfälle vor allen andern aus. Man trägt sich auch ausser dem Canton mit einer Menge wiziger Geschichten von diesem Volk, welche alle ihm Hochachtung und Ehre erweken.
Die politische Denkungs-Art sehnet sich einig nach der Freyheit. Wahr ist es, daß dieses so schäzbare Gut nicht immer richtig erkannt und gesucht wird; man vermengt oft die scheinbare und falsche mit der wahren würklichen Freyheit. Obrigkeit und Geseze sind ihnen bisweilen unerträglich. –

Hier wohnt ein Volk, verstreut an rinnenden Brunnen,
Das in den Stand des unterthänigen Lebens
Nur einen Schritt gethan, mit furchtsamen Füssen;
    Und den schon bereuet.
[etc.]

J.B. Isenring, C. Burckhardt: Trogen AR.

V
Der «witzige» Appenzeller – Ein Topos der europäischen Reiseliteratur

W. COXE
AUS
«SKETCHES OF THE NATURAL, CIVIL, AND POLITICAL STATE OF SWISSERLAND». LONDON 1779.

Among the chief part of the inhabitants, the original simplicity of the pastoral life is still preserved; and I saw several venerable figures with long beards, that resembled the old patriarchs. I am much mortified that I cannot speak German, which is their language; as that natural frankness, and particular tone of equality, which arise from a consciousness of their own independence, could not fail of affording me very interesting conversation. As to the state of literature, my stay here has been so short, that I cannot form any accurate idea of it; I have only been informed in general, that learning has made its way over these mountains; and that there are several men of letters in this canton, who are an honour to themselves, and an ornament to their country.

AUS
«BRIEFE ÜBER DEN NATÜRLICHEN, BÜRGERLICHEN UND POLITISCHEN ZUSTAND DER SCHWEITZ». ZÜRICH 1781.

Ich schreibe Ihnen mitten in den Alpen, in dem Schatten eines Buchwaldes, und zu meinen Fûßen rollt ein Silberbach in einer natürlichen Cascade den Felsen hinunter. Ich habe so eben mit etwas Brod und Kås Mahlzeit gehalten; sie war mir kôstlich, weil ich sie wohl verdient hatte; denn ich gieng allerdings 3 Stunden über die Berge von Appenzell.
Wir reisten heute von St. Gallen ab. Weil man uns einen unmäßigen Lohn für 6 Pferde abforderte – denn die Leuthe glaubten, wir wåren gezwungen, sie auf ihr Geboth zu nehmen – so entschlossen wir uns, um dieser Auflage uns nicht zu unterwerfen, zu Fuße nach Appenzell zu wandern, und unser Bagage den Fuhrweg gehen zu lassen.
Um aber das Verdienst dieser Heldenthat nicht ganz der Oekonomie zuzuschreiben, so muß ich Ihnen doch auch sagen, daß wir eben vor der Hand sind benachrichtigt worden, daß der Fußweg ausnehmend angenehm sei. Der Versuch reut mich auch jetzt gar nicht; denn das Reitzende und ganz Sonderbare des Wegs hat die Ermüdung reichlich bezahlt. Das Land ist außerordentlich wild und romantisch, besteht ganz aus zusammenhångenden Thålern, und die Gipfel der Berge auf den Seiten sind mit den fettesten Viehweyden bedeckt, die ich je gesehen habe. Wenn ich kein Augenzeuge wåre, so håtte ich nie glauben kônnen, daß ein Bezirk von diesem Umfang eine so beträchtliche Menge Volks zåhlen könnte. Hûgel und Thåler sind dicht mit Hûtten

besetzt, die in einer kleinen Entfernung von einander umher zerstreut, und alle recht auf den Fleck gebaut sind, denn ihnen ein Mann von Geschmack würde angewiesen haben. Die mahlerischen Gebürge, Wälder, Bäche, worüber wir auf Brücken giengen, die gerade so waren, wie ich sie in einigen der beßten Landschaften gesehen habe, wechselten bey jedem Schritt, den wir thaten, mit den reizendesten Aussichten ab, welche dieses Schauspiel noch schöner machten. Wo ich auf diesem wohllüstigen Plätzchen ein Bisgen ausgeruht habe, kann ich zu meinem eignen Vergnügen nichts bessers thun, als Ihnen eine Fortsetzung meines Tagebuchs geben.

Geschlossene Städte findet man in diesem Canton nicht; er hat nur zwey oder drey ofne Flecken, wovon Appenzell in dem katholischen, und Herisau im reformirten Bezirk die größten sind, nebst etlichen kleinen Dörfern. Dagegen ist das ganze Land – die nackten Felsen ausgenommen – in der That Ein einziges zusammenhängendes Dorf, Ein schöner Hof dicht an dem andern; und dies stellt den allerliebsten Anblick dar, den man sich nur ersinnen kann. Jeder Hof hat sein kleines Gebiete, das gemeiniglich aus einem oder zwey Stücken schönen Wiesengrundes besteht, und häufig mit Bäumen umkränzt ist. Bäume hat es hier in großer Menge; denn die Berge sind größtentheils mit schönem Holz bedeckt, und an Wasser hat der Canton so wenig Mangel, daß wir kaum zweyhundert Schritte giengen, ohne eine Quelle aus der Erde sprudeln, oder einen Bach über den Felsen herabrollen zu sehn.

Auf unserm Weg nach Appenzell traten wir in einige Häuser, die alle von Holz gebaut sind. Reinlichkeit und Gemächlichkeit sind die Hauptabsicht der Besitzer; und die erstre leuchtet überall so stark hervor, daß es mir ein merkwürdiger, auffallender Beweis ist, wie viel dieß Volk auf diesen wesentlichen Umstand hält. Die ununterbrochne Kette bebauter Berge, die häufig mit Gehölze bedeckt, und mit Höfen über und über besetzt ist, stellt eine unbeschreiblich schöne Landschaft dar; und, wie gesagt, diese Höfe alle liegen auf ihrem ganz eignen Fleckchen, als wenn es ihnen der Genius des Geschmacks ausgesucht hätte, um ihnen die vortrefflichste Wirkung zu geben. Man sieht, daß sie so vielen einzeln von einander unabhängigen Familien zugehören, die doch so gesellig, als unabhängig, und nur zu den wichtigen Bestimmungen der Gesetzgebung, und zur Behauptung der gemeinschaftlichen Freyheit verbunden sind.

Der größte Theil der Einwohner ist noch der ursprünglichen Einfalt des Hirtenlebens getreu; und ich sah einige ehrwürdige Figuren, mit langen Bärten, ganz wie die alten Patriarchen. Es thut mir recht wehe, daß ich nicht deutsch sprechen kann, welches ihre Sprache ist. Die natürliche Freymüthigkeit, und der ganz eigne Ton von Gleichheit, wozu sie das Gefühl ihrer Unabhängigkeit stimmt, verspräche mir eine sehr interessante Unterhaltung mit ihnen. Von dem dortigen Zustand der Litteratur kann ich keinen richtigen Begriff geben, weil die Zeit meines Aufenthalts bey ihnen zu kurz war: Ich habe nur überhaupt herausgebracht, daß die Wissenschaften auch über dieses Gebürge gestiegen, und einige Gelehrte in diesem Canton sind, die sich und ihrem Vaterland Ehre machen.

Auf unserm Weg hieher kamen wir durch Tüffen, dem Geburthsort des Ulrich Grubemann, dessen ich in meinem vorigen Brief gedacht habe. Er war schon seit einigen Jahren todt; aber seine Fähigkeiten, und seine Geschicklichkeit in der Baukunst sind so zu sagen ein erbliches Eigenthum seiner Familie. Wir erfragten einen von

dem nämlichen Namen, der sein Bruder oder Neffe war, und den wir im Bierhaus fanden, seinem gewöhnlichen Zufluchtsort, wenn er nichts besonders zu thun hat. Er ist dem äußerlichen nach ein plumper Mann, von schlechtem Ansehn, ein gemeiner Bauer, mit einem feurigen, durchdringenden Auge, und ist daneben ein sehr guter Gesellschafter. Wir sagten ihm, wir wären Engländer und machten die Schweizerreise, und da wir das Merkwürdige jedes Orts in Augenschein nehmen wollten, so hätten wir nicht durch Tüffen reisen können, ohne einen Mann sehn zu wollen, der sich durch seine Geschicklichkeit in der Baukunst so berühmt gemacht hat. Er schlug auf seine Brust, und antwortete auf deutsch: «Hier seht ihr halt ‹einen Bauern›.» Wir sprachen mit ihm von der Schaffhauser-Brücke, bey deren Erbauung er auch zu thun hatte; er versicherte uns, daß sie nicht auf dem mittlern Pfeiler ruhte, und aus Einem Bogen bestühnde.

Aus
Essay sur l'Etat present, naturel, civil et politique de la Suisse. Londres et Lausanne 1781.

La simplicité originale de la vie pastorale régne encore chez la majeure partie des habitans de ce canton, & j'y ai vu plusieurs hommes dont les figures étoient vénérables, avec de longues barbes qui ressembloient assez aux anciens patriarches. Je suis très-mortifié de ne pas entendre l'allemand, qui est la langue de ces peuples; car sa franchise naturelle, & sa façon libre de s'exprimer, suites nécessaires de l'égalité & de l'indépendance dont il jouit, n'auroit pu manquer de me rendre sa conversation très-intéressante. Quant à ses progrès dans les belles-lettres, mon séjour a été si court que je ne saurois m'en former aucune juste idée; on m'a seulement dit, en général, que les sciences avoient su se frayer un chemin au travers de ces montagnes, & qu'il se trouvoit plusieurs hommes de lettres dans ce canton, auxquels leur savoir faisoit honneur, & qui étoient en même tems l'ornement de leur patrie.

W. Coxe und R. de Carbonières – Fälschliche Gleichsetzung von «Philokles» mit Land und Leuten Appenzells.
Aus
«Lettres de M. William Coxe à M. W. Melmoth sur l'Etat politique, civil et naturel de la Suisse».
Paris 1781.

Les Glarois sont actifs, inquiets, industrieux, & de tous les Habitans des Alpes ceux qui sont le moins attachés à leur terre natale, tandis qu'on ne peut en arracher les bons Pasteurs de l'Appenzell. Ceux-ci simples & gais, quoiqu'industrieux, charment par la douceur de leurs mœurs & intéressent par l'aménité de leur esprit. Toute la Suisse cite les bons mots qui leur échappent en foule, & dont les uns sont piquans par leur vivacité, les autres singuliers par leur naïveté. Il ne s'écoule pas un été sans que des compagnies entieres des hommes les plus distingués de Zuric ou de Schaffhouse aillent à pied faire un pélerinage dans l'Appenzell, pour passer quinze jours avec ses Bergers. Le célebre Gessner, son ami le savant Fuessly, les Breitinger, les Lavater, &c. ont fait & sont toujours avec un nouveau plaisir cet intéressant voyage.

Aus
«Anmerkungen und Zusätze des Herrn Ramond, französischen Uebersetzers von Coxe Reise durch die Schweitz». Zürich 1783.

Die Glarner sind thätig, rastlos, arbeitsam, und von allen Alpenbewohnern diejenigen, welche die wenigste Anhänglichkeit an ihr Geburtsland haben; da man hingegen das gute Hirtenvolk im Canton Appenzell mit aller Mühe nicht davon losreissen kann. Diese sind ganz einfach, aufgeräumt, und dabey arbeitsam; sie bezaubern durch das Sanfte ihrer Sitten, und interreßiren vermittelst ihres anmuthigen Witzes. Die ganze Schweitz ist voll von den launigten Einfällen, die ihnen haufenweise entrinnen, deren einiche durch ihre Lebhaftigkeit stachlicht, andre durch das ihnen eigene Naife auszeichnend werden. Kein Sommer vergeht, daß nicht ganze Gesellschaften von den ausgezeichnetsten Männern von Zürich und Schafhausen zu Fuß eine Wallfahrt ins Appenzellerland machen, um ein Paar Wochen mit den dortigen Hirten zuzubringen. Der berühmte Geßner, sein Freund Füßli, die Breitinger, Lavater und andere, haben diese interessante Reise gemacht, und machen sie immer mit neuem Vergnügen.

Die Appenzeller besitzen, wie alle Bewohner demokratischer Staaten, eine ungekünstelte Freymüthigkeit und einen besondern Ton von Gleichigkeit, welcher aus dem Bewußtseyn ihrer Unabhängigkeit entspringt. Sie haben einen grossen Reichthum von origineller Laune, und unterscheiden sich durch sehr geschwinde Gegenantworten und natürlichen Witz, wodurch ihr Umgang äusserst angenehm und interessant gemacht wird.

VI
Vom Hirtenspiel zur politischen Waffe – Wandlungen des Witz-Bildes

Anonymus
Aus
«Fragment einer Reise durch St.Gallen und Appenzell». Zürich 1784. «Boxen» des Witzes als nacharkadisches Hirtenspiel.

Vieles noch könnt' ich Ihnen von dem eigenthümlichen Karakter des Volkes erzählen. Durchgängig sind bey demselben Tanz und Spielkarten verbotten. Vielleicht daß unter anderm daher, besonders unter den müßigen Viehhirten und in den engen und feuchten Stuben der immer sitzenden Weber, die Grübeleyen und Empfindeleyen des Mysticismus zum Zeitvertreibe geworden. Nichts desto weniger stehn dieser moralischen Pestseuche, die nur im Finstern schleicht, sowol die reine Landluft als die freye Verfassung des Staates entgegen. Außer den Leibesübungen, sind es Spiele des Geistes, wodurch sich die Einwohner ermuntern. Mit Blitzesschnelligkeit besiegt ein Einfall den andern, und auf jede Frage folgt sogleich die treffendste Antwort. Die gegenseitige Nekkerey ist gleichsam ein Boren des Witzes. He, Junge, rief unser Begleiter, öfne dem Herrn Professor den Weg durch den Zaun! Auf die Frage: Was ist ein Professor, hieß es im Scherze: Ein Mann ist's, der alles kann. Und wenn er alles kann, erwiederte der Junge, so kann er sich selber Durchgang verschaffen! Ein Reisender sagte von den engen Strassen, daß kein Ochs ohne Verwicklung der Hörner im Gesträuch fortkommen könne. Der Herr hatte also die Hörner noch nicht, erwiederte der Appenzeller, als er zu uns hinaufstieg. – Aus Schalkheit wollte man einem solchen weis machen: Anderstwo sey es den Männern erlaubt, mehr als eine Gattinn zu haben. Bey uns ists auch so, erwiederte der Appenzeller, unter den gehörnten Männern nämlich, die mit vier Schenckeln auf der Wayde sich tummeln! Bey einer öffentlichen Berathschlagung fragte der Vorsteher einen Appenzeller: Was ihn gut dünke? Honig auf Butterbrod, war seine Antwort. Auf erhaltene Zurechtweisung, sprach er: Man hätte mich fragen sollen, was ich für recht, nicht was ich mir gut oder angenehm halte. Bey ungleicher Meynung über die Annahm oder Verwerfung der französischen Jahrgelder, setzte ein Landammann die Annahme derselben auf der Landesgemeinde durch einen Einfall durch, indem er sagte: Wenn man Euch den Hut rauben will, so setzt Euch dagegen: Wenn man Euch einen Hut anbeut, so nemmt ihn.

Wenn wir den Ursachen der Appenzellerschen National-Laune nachspüren, so werden wir sie in der freyen, glücklichen Lage, in der durchgängigen, demokratischen Gleichheit der Einwohner entdecken. Selbstgenugsam, darf jeder Er selbst, darf ganz originell seyn. Hiezu kömmt noch, daß keine Hauptstadt, kein Mittelpunct ist, woher sonst ein gleichförmiger, herrschender Ton sich verbreitet, von welchen man schwerlich abweichen darf, ohne entweder ungezogen oder lächerlich zu scheinen. In völliger Gleichheit, als Mensch beym Menschen, behält jeder sein eignes Gepräg, das sich nicht an der Seite des andern abschleift; neben dem vornehmsten Herrn steht ohne Herabwürdigung der Mann im leinen Kittel, mit den langen Hosen und nackenden Füßen.

Johann Michael Affsprung
Aus
«Reise durch einige Cantone der Eidgenossenschaft».
Leipzig 1784. – Der Witz als politische Waffe.

Die Einwohner des ganzen Cantones sind gesunde, starke wohlgebildete Leute, welches hauptsächlich der ungemein reinen Bergluft und dem Genusse einfacher Speisen zuzuschreiben seyn mag. Ihr Ansehen ist frey, ihr Gang fest und abgemessen und doch ungezwungen. Die alten abgekürzten Formen der deutschen Sprache klingen bey ihrer sanften Aussprache recht gut. Sie haben viel Witz, der oft empfindlich sticht, besonders den, der sie necken will. Dieß haben sie mit allen freyen Menschen gemein; ich glaube, daß – wenn alle Umstände gleich sind – das freyeste Volk allemal das witzigste sey. Keine Griechen waren so witzig wie die Athener, und keine so frey, wie sie! Denn solche Leute haben wegen der Theilnehmung an der Regierung einen geübteren Verstand, und dann fürchten sie sich nicht, alles zu sagen, was sie denken. Aus dem letzten Grunde vorzüglich sind auch die Könige witziger als andere Sterbliche; und ich bin überzeugt, der witzigste König würde nicht halb so viel Bonmots gesagt haben, wenn er Minister gewesen wäre. Hieraus läßt sich auch begreifen, warum man in den Aristokratien weniger Witz findet als anderwärts; weil der Witz nirgends schärfer gestraft wird als in dieser Verfassung. Der Aristokrat selbst darf nicht witzig seyn, aus Furcht er möchte seinen Mitherrscher beleidigen!

Man erzählt eine Menge von den naifsten Einfällen der Appenzeller, die sie, selbst wenn sie gereizt sind, mit so viel kaltem Blute vorbringen, daß man es an Philosophen bewundern würde. Wer Jahr und Tage unter diesem liebenswürdigen Volke lebete, könnte eine hübsche Sammlung der witzigsten und geistreichsten Einfälle machen. Einige von denen, die mir bekannt worden sind, muß ich Ihnen doch als Müsterchen mittheilen. Ein Appenzeller stand in Zürich vor einem neuen Gebäude, und betrachtete es mit vieler Aufmerksamkeit; der Herr des Gebäudes, ein reicher Zürcher, fragte ihn: «wie findest du dieses Gebäude, guter Freund?» Nicht übel, erwiederte der Appenzeller, ohne seine Augen vom Gebäude abzuwenden. «Macht man, fragte der Zürcher wieder, in deinem Lande auch solche Gestelle (auf einen Balcon weisend) um dürre Birnen (Huzeln) zu dörren.» Nein, antwortete der Appenzeller, denn in meinem Lande dörret man nur die grünen...

Zu einem Baur, der ein Sonderling ist, und unter andern Bizarrerien auch diese an sich hat, daß er nie zur Kirche geht, kam einmal der Pfarrer seines Kirchspiels, und machte ihm deshalben sehr nachdrückliche Vorstellungen, welche der Baur mit der größten Gelassenheit anhörte, ohne ein einziges Wort zu erwiedern; und als der geistliche Herr seine so wohlgemeinte Harangue mit der Frage beschloß, «warum er denn ein so ärgerliches Leben führe und nie zur Kirche gehe?» antwortete der Baur mit dem kältesten Blute: «weil ich nicht sehe, daß die Leute, die hingehen, in irgend einem Stücke besser sind als ich.»

Wunsch an die Appenzeller

Möge Dir, dreymahl glückliches Volk, das köstliche Kleinod der Freyheit nie entrissen werden! und es wird Dir nie entrissen werden, wenn Du nicht vergissest, daß Mäßigkeit und Genügsamkeit die besten Schutzwehren der Freyheit seyn; Weichlichkeit aber schlaff mache und zur Knechtschaft führe!
Ich kann mich nicht enthalten, die Strophen, worinn Bodmer den Character der Appenzeller so meisterhaft geschildert hat, zum Beschlusse meines Briefes herzusetzen.

Hier wohnt ein Volk, verstreut an rinnenden Brunnen,
Das in den Stand des unterthänigen Lebens
Nur einen Schritt gethan mit furchtsamen Füßen,
   Und den schon bereuet.
   [etc.]

H. U. Grubenmann als «witziger» Appenzeller

Eines der artigsten Stückchen, und welches zugleich den Appenzeller am besten characterisirt, ist das, was Grubemann, einer der künstlichsten Brückenbaumeister, gesagt hat. Er wurde einst in eine benachbarte Republik gerufen, um eine Brücke über einen Fluß zu bauen. Als er dorthin kam, fing eine Wohlansehnliche Baudeputation ihre Coferenzen damit an, daß sie dem Grubemann allerley Zeichnungen vorlegte, die er vielleicht nicht einmal alle verstand; als diese Conferenzen am zweyten oder dritten Tage wieder fortgesetzt werden sollten, war kein Grubemann mehr da, indem er wieder nach Hause gereiset war. Als man an eine Obrigkeitliche Person schrieb, was doch mit Grubemann vorgegangen sey, und diese ihn um das Abenteur fragte, antwortete er: «was hätt' ich sollen dort thun, die Narren «haben immer nur gesagt, wie sie es haben wollen, und nie gefragt, wie ich es machen wolle». Man bat ihn wieder hinzugehen, welches er auch that, und hernach die Brücke bauete, die immer ein Denkmal seiner Kunstfertigkeit seyn wird.

F. Nicolai
Aus
«Beschreibung einer Reise durch Deutschland und die Schweiz im Jahre 1781». Berlin und Stettin 1786. – Der Witz als Attribut des aufgeklärten Bürgers.

«Unbegreiflich ist es manchen Fremden, wie viel Einsicht in politischen Fragen bei manchen Bauern steckt, wie ich es zu meinem Erstaunen einige Mal selbst gesehen habe. Die Leute sitzen Abends nach der verrichteten Arbeit zusammen in der Nachbarschaft. Zu einer Pfeife Tabak reden sie entweder von Freiheit und Vaterland, oder von dessen Geschichten, oder ihre Herren Beamte müssen die Zensur passieren, oder sie belustigen sich mit Bonmots, deswegen die Appenzeller berühmt sind.»

BERNHARD WARTMANN
AUS
«BEMERKUNGEN VON DEM WILDKIRCHLEIN ODER ST. MICHAELS-KAPELL UND EBEN-ALP IN DEM CANTON APPENZELL». ZÜRICH 1786. – DER WITZ IM LICHTE ALBRECHT VON HALLERS.

Bey Regenwetter, Sturm oder Kälte, versammeln sie sich allda, und finden gegen die äussere, auf sie wirkende Eindrücke, Schutz; führen Gespräche von ihrem Vieh, von Butter, Käse, Milch, von Wind und Wetter, – alles vertraut, liebreich, ganz Natur! – Sie kennen nichts Arges, nichts Böses, so wie das Herz denket so reden sie auch; bekümmern sich wenig um das, was ausser ihrer Sphäre, in der Welt, in Städten, in Cabinettern, im Feuerland oder bey den Hottentoten vorgehet: wenn nur ihr Vieh gesund und viel Milch giebt. – Unverdorbene Natur, Gastfreyheit, Entfernung von allem Stolze, Freyheit in den Sitten und gutes gefälliges Wesen, machen die Grundlinien in ihrem Nationalkarakter aus. Sie besitzen viele Vaterlandsliebe: Eine Eigenschaft, die eine fruchtbare Mutter edler Gesinnungen und Thaten ist. Von Natur sind sie rohe, unverwöhnt, vierschröttig, voll Kräfte, haben biedere Treuherzigkeit und einen solchen natürlichen Witz, der bey wenig Menschen in der Welt angetroffen wird: O! wann nur ihr Geist mehr cultivirt –

besser geleitet würde! – Besuchungen von Fremden sind ihnen sehr angenehm, vertraut, behülflich; keine Alpreisende werden bey einer Appenzeller Sennhütte vorbeykommen, ohne von deren Bewohnern angefragt zu werden: «Ihr Herren! eine gute Milch, – ein Butter, Käs, Suffi, welches ist Ihnen beliebig?» – Kaum ist das Wort der Reisenden aus dem Munde: «Wollen Sie es auf dem Rasen oder in der Hütte geniessen?» Auf einen Wink ist alles da. – Eine grosse hölzerne Schüssel mit einer guten kühlen Milch angefüllt, auf welcher ein honiggelber Rahm (cremor lactis) wollenartig ruhet, erwecket an einem heisen Sommertage und bey schwüler Hitze auch dem größten Hypochondristen sein Selbstgefühl. – Löffel von Buchs oder anderm schönen Holze werden neben die Schüssel gelegt; – «Aber warum essen die Herren den Rahm nicht auch? –» Er ist zu fett, unsre Mägen könnens nicht ertragen» – «esset, esset ihn nur, er schadet nichts, er gibt eine gute Kichere! (Athem).» Ein wenig Ausruhung auf dem Rasen, umgeben von der blöckenden Heerde, von den herrlichsten Pflanzen, von millionen Pavillons und andrer Insekten: O! wie erquickt dieses, nebst der reinen leicht einzuathmenden Luft und der prächtigen Aussicht, die Seele! [...] Aufmerksam auf alles was Fremde in ihren Hütten reden, thun, handeln, ohne ein Wort zu sagen, bis sie darüber gefragt werden; aber aldann auch die vergnügteste Antwort, – von einem Volke das nichts als Natur und von keinen Intriguen verdrexelt ist. Der grose Haller hat recht, wann er von ihnen dichtet:

Hier zahlt die süsse Ruh die Müh, die er (der Hirt)
   erlitten;

Illustrationen zu
Albrecht von Hallers «Alpen».
Bern 1795.

Der sorgenlose Tag wird freudig durchgescherzt,
Und wenn die Nachbarn sich zu seinem Heerde setzen,
So weißt ihr klug Gespräch auch Weise zu ergötzen.

Vertraut, liebreich im Umgange, sind die Hirten der Appenzeller-Alpen gegen Fremde, so lange man nichts Argwöhnisches gegen sie unternimmt und nichts aus dem Lande trägt, als was man von ihnen selbsten erhält. Folgende Anekdote mag zum Beyspiele dienen: Vor einigen Jahren besahe ein Engländer mit einigen Bedienten das Wildkirchlein, er erstaunte beym Anblick der vorhandenen Mondmilch; sogleich ließ er einen Sack damit anfüllen, welchen die Bedienten wegtragen mußten. Kaum waren sie damit an der Grenze des Landes, als einige Alp-Sennen nachliefen und ihnen die Mondmilch wegnahmen: «Es stecket Gold darinnen, und wir lassen das Gold nicht aus dem Lande tragen!» – So sehr leben sie noch in dem Hang der Unwissenheit ihrer Voreltern.

C. Meiners
Aus
«Briefe über die Schweiz». Berlin 1790.

In der That zweyfle ich auch, ob es in ganz Europa ein anderes Land gebe, wo man auf den ersten Blick die süßesten Phantasieen einer schwärmerischen Jugend, und die reizenden Ideale einer glücklichen Unschuldswelt in einem solchen Grade realisirt findet, als in Appenzell Außer-Rhoden. Das ganze Appenzeller-Land, so weit es sich zur reformirten Religion bekennt, ist eine zauberische Verkettung von kleinen Hügeln und Thälern, die nirgends durch stundenlange Waldungen verfinstert, oder durch schroffe, und ersteigliche Felsen verödet, oder durch verpestende Sümpfe verunstaltet werden. Allenthalben ist Leben und Weben, ohne städtisches Gedränge, oder betäubendes Getümmel. Von allen Höhen, und aus allen Gründen tönt dem Wanderer das Gemurmel der Bäche, das Geblöck der Heerden, das Rufen der Hirten, und besonders das Geklingel der großen Schellen entgegen, womit Stiere, Kühe, und Kälber behängt sind. Dieser Arkadischen Musik hörte ich gestern Abend gegen Untergang der Sonne in einiger Entfernung von Gais fast eine Stunde zu, und dies Gewühl arkadischer Töne weckte aus der Tiefe meines Herzens, und meiner Einbildungskraft Wünsche und Bilder auf, die schon lange, sehr lange geschlummert hatten, und von welchen ich nie geglaubt hätte, daß sie bis zu einem solchen Grade jugendlicher Begeisterung wieder belebt werden könnten. Im Appenzeller-Lande wird das Auge des Reisenden anfangs nicht weniger, als sein Ohr getäuscht. Wohin man blickt, sieht man Haufen von friedlichen und bescheidenen Hütten, so kunstlos und reinlich, wie man sich in frohen Träumen die Wohnungen glücklicher Schäfer denkt, unter welchen man sein Leben zubringen möchte. Wenn man Herisau ausnimmt, so sind die Hütten der Appenzeller nicht nach städtischer Art in dichte Reihen zusammengedrängt, sondern über Thal und Hügel zerstreut; und eben diese Zerstreutheit, verbunden mit ihrer Einfachheit, (denn sie sind ganz aus Holz erbaut,) begünstigt die Täuschung, daß man in dem Arkadien der Dichter wandle. Jede Hütte liegt in der Mitte der Besitzungen ihres Bewohners, der also sein kleines Gebiet beständig übersehen, und in jedem müßigen Augenblick bearbeiten und verbessern kann. Wenn man nahe an den Hütten der Appenzeller vorbeygeht; so hört man das Geräusch des Weberstuhls, der dem Appenzeller Garten, Ackerfeld und Weinberg ist, und ihm alles verschafft, was die fruchtbarsten Länder süßes und schönes hervorbringen. Viele Hütten haben Wäldchen hinter sich, die nicht nur ihre mahlerische Lage verschönern, sondern auch das Holz liefern, was der Besitzer zur Feurung, und zur Ausbesserung seiner Wohnung braucht. In ganz Appenzell ist kein ungetheiltes Gut, keine gemeine Wälder, oder Alpen und Weiden. Wenn auch gewisse Alpen mehrern Eigenthümern gehören, so kann doch jeder Mitbesitzer seinen Antheil verkaufen, oder verpachten, wie er will. Männer endlich, Weiber, und Kinder sind, wenn sie sich auch nicht durch vorzügliche Schönheit und hohen Wuchs auszeichnen, reinlich und gut gekleidet, und haben einen Ausdruck von Munterkeit und Zuversicht, wie ihn nur glückliche und freye Menschen haben können, die stets von dem Gefühl durchdrungen sind, daß sie keine andere Gesetze und Obrigkeiten haben, als die sie selbst gegeben und gewählt haben.

In der flachen Schweiz ist keine Stadt, und in der gebirgigen kein Staat, dem nicht von den übrigen gewisse gehässige Vorwürfe gemacht würden. Allein Appenzell, und zwar besonders Appenzell Außer-Rhoden hat das einzige Glück, daß die übrigen Schweizer es für das gelobte Land in Helvetien halten, auf welches alle, als auf den Wohnsitz der Freyheit, des Friedens, des Ueberflusses, und zugleich der alten Einfalt, und Unschuld mit Wohlgefallen hinblicken, und auf welches sie mit einem frohen Stolze hinweisen, wenn sie besonders Fremden die gesegneten Wirkungen einer unbeschränkten Freyheit darthun wollen. Und eben so sind die Appenzeller die Lieblinge der ganzen übrigen Schweiz, die allenthalben bewundert, aber nicht beneidet, und von den vaterländischen Schriftstellern wetteifernd, als das freyste, glücklichste und geistreichste Hirtenvolk gepriesen werden. Wenn Ausländer von den Appenzellern nicht so günstig urtheilen, als gewöhnlich geschieht, so nimmt man sich ihrer mit eben so großer, und fast noch größerer Wärme, als seiner eigenen Mitbürger an.

Wenn aber auch die veränderte Lebensart, und die einförmigen mechanischen Arbeiten die Erfindsamkeit der Appenzeller geschwächt haben; so ist wenigstens ihre Munterkeit, und der allgemeine Hang zu neckenden Scherzen, und beißenden Gegenantworten noch nicht merklich vermindert worden. Fröhlichkeit und Witz sind den Appenzellern diesseits der Sitter angebohren, und der letztere wird schon von der frühen Jugend an geübt, und geschärft. Fast nie ist eine Gesellschaft von Appenzellern beysammen, ohne daß nicht die witzigen Köpfe auf einander Jagd machten, und gleichsam einen Wettkampf des Witzes eingingen, in welchem keiner seinem Widersacher irgend etwas übel nehmen darf. Diese beständigen Gefechte von witzigen Köpfen bringen einen auffallenden Hang zum Lachen, und eine Geneigtheit hervor, alles von der lächerlichen Seite anzusehen, und besonders solche, die sich an ihnen reiben wollen, durch unerwartete trockene, aber treffende Repartien niederzuschlagen. Von dieser Fröhlichkeit und diesem Muthwillen der Appenzeller in den Außer-Rhoden trifft man in denen der Inner-Rhoden keine Spur an.

H. Thomann: Aescher AI mit Blick auf den Seealpsee.

G. Ph. H. Norrmann
Aus
«Geographisches und historisches Handbuch der Länder-, Völker und Staatenkunde». Hamburg 1796.

Appenzell gehört unstreitig zu den freyesten, glücklichsten, industriösesten und wohlhabendsten Ländern in der Schweiz, und wird größtentheils von den übrigen Schweizern als der Wohnsitz der Freyheit, des Friedens und Ueberflusses, wie der alten Sitteneinfalt, Biederkeit, des Witzes und der frohesten Laune angesehen ...
Der Witz der Appenzeller ist schnell und treffend, oft auch stechend, ihr Betragen aber dennoch offen, bieder und freundschaftlich. Ihre Sitten sind bey einem eigenthümlichen Frohsinn der alten Schweizereinfalt sehr treu geblieben. Sie gefallen eben so sehr durch diese, wie sie durch ihren Witz unterhalten. Die ganze Schweiz erzählt von den launichten Antworten und Bemerkungen der Appenzeller, woran sie so reich sind, die oft stechen, aber dennoch durch das Ungekünstelte anziehn. Jährlich werden daher von den angesehensten Männern der benachbarten Cantone Wallfahrten ins Appenzellerland gemacht, um einige Zeit in dem schönen, glücklichen und kunstreichen Lande, unter dem einfachen, muntern und geistreichen Volke zuzubringen. Geßner, Füßli, Breitinger u.a.m. machten diese Wallfahrt wiederholt mit immer neuem Vergnügen.

Schilderung
der Gebirgsvölker
der
Schweitz.

Von
Joh. Gottfried Ebel
Doktor der Medicin.

Erster Theil.

Mit 6 Kupfern.

Leipzig,
in der Pet. Phil. Wolfischen Buchhandlung.
1798.

VII
J. G. Ebels «Schilderung der Gebirgsvölker» – Die Bibel der Appenzell-Begeisterung

Aus
«Schilderung der Gebirgsvölker der Schweitz».
Leipzig 1798. – Witz und Fröhlichkeit im Spätglanz Arkadiens und Tahitis.

Der Appenzeller ist lebhafter, muntrer, scherzhafter, witziger und geistreicher als alle seine Nachbarn. Ueberall erschallen Appenzells Gebirge von freudigem Jauchzen und einem eigenen Geschrei, was sie Jolen nennen. Als ich zum erstenmal dieses Land betrat und von allen Seiten Jauchzen hôrte, wohlgekleidete Menschen im lachenden Grûn der Wiesen hûpfen und sich freuen sah, glaubte ich in einer der glûcklichen Inseln zu seyn, wovon sich ein Schatten im Sûdmeere befindet. Der Gott Komus scheint mit ewigen Flûgeln über diese Berge zu schweben. – Wo man einen Haufen zusammen stehen oder sitzen sieht, da wird gescherzt und gelacht; selten wandern sie vor einander vorüber, ohne daß einige miteinander spaßen, sich necken oder katzbalgen. Schnell im Erwiedern, sind ihre Scherze – nie beleidigend und beißend. Merken sie aber, daß andere sie zum besten haben wollen, so sind ihre Antworten gewöhnlich scharf und derb, welches sie bei ihren Nachbarn in den Ruf grober Leute gesetzt hat. Außer ihrem Lande stellen sie sich da, wo sie wissen, daß man sie nicht gerne sieht, einfältig und dumm. Wenn ihre Gegner, dadurch dreist gemacht, ihren Spôttereien freien Lauf lassen, und sich schon an ihrem Triumphe kitzeln, so ergreift der schlaue Appenzeller plôtzlich die scharfe Waffe seines Witzes und vernichtet seinen Feind, indem er ihn zum Gelächter der ganzen Gesellschaft macht. Gewöhnlich duzen sie dann den Angreifer, welches ihren Wendungen und Ausdrûcken mehr Originalität und Kraft zu geben scheint. Hier einige Proben sowohl von witzigen als gesunden Einfällen und Antworten.

Ein Geistlicher fragte in der Kinderlehre: Was Joseph und Maria mit sich genommen hâtten, als sie sich auf die Flucht begaben, um der Verfolgung Herodes zu entgehen? «I wäß es nût, bin nût bym uspacken g'sen.» (Ich weiß es nicht, bin nicht beim Auspacken gewesen) war die Antwort des Knaben.

Ist dies der rechte Weg, fragt ein Reuter? «Nein, ihr müßt zurück», antwortet der Appenzeller – zurück soll ich? – «das nicht, Ihr dûrft das Pferd nur umdrehen.»

Wie viel Stunden habe ich von hier bis dahin zu reiten? «Reitet nur zu, reitet nur zu», ist die wiederhohlte Antwort. Unwillig trabt der Reuter davon. Als er einige 30

Schritt entfernt ist, ruft ihm der Appenzeller nach: «Nun Herr kann ich Euchs wohl sagen, daß Ihr noch zwei Stunden habt; ich musste ja vorher sehen, wie stark Ihr reitet.»

Ist es wahr, daß die Appenzeller blind auf die Welt kommen? – «Ja freilich, aber dafür sehen sie auch in meinem Alter so gut, daß sie beym ersten Blick einen Narren wie euch von einem klugen Menschen unterscheiden können.»

Ein St.Galler spottet einst über die appenzellischen Straßen und sagt: Sie sind so schmal, daß kaumn eine Kuh durchkommen könne, ohne mit ihren Hörnern sich im Gesträuch zu verwickeln. «Ihr seyd doch ungehindert durchgekommen, erwiederte der Appenzeller? Ja. – «Der Herr hatte also damals die Hörner nocht nicht.»*)

*) Oder, nach andern: «Der Herr war also damals noch ein Kalb.»

Ist es bei euch auch so wie bei uns, daß ein Mann sechs bis sieben Weiber hat? – «Ja freilich, es ist auch so auf den Weiden und Alpen unter unserm Vieh», hieß es.

Ein zur Tagsatzung abgeschickter Gesandte St.Gallens erzählt in Frauenfeld, daß bei einem Appenzeller, den man zu St.Gallen habe brandmarken wollen, alle Stellen mit ähnlichen Zeichen schon besetzt gewesen wären. «Hättet ihr ihn doch auf den Hintern gebrannt; das ist ein zugewandter Ort», erwiederte der Gesandte Appenzells. *)

*) Die Stadt St.Gallen wird ein, der Schweitz zugewandter Ort genannt.

«So, aus Zürich seid Ihr?» sagt ein Appenzeller zu einem Reisenden. «Ich habe doch in meinem Leben noch keinen ehrlichen Mann in Zürich gesehen.» Wie meint ihr das? erwiedert der Reisende aufgebracht. «Werdet nicht böse; denn ihr müßt es selbst eingestehen, wenn Ihr hört, daß ich noch nie in Zürich gewesen bin», war die Antwort.

Herr R. macht mit dem Professor Bodmer eine Reise zu Pferde durch Appenzell. Sie kommen an ein Gatter, welches den Weg verschließt. Mach auf Junge! ruft R. dem Knaben zu, der dort gerade steht. «He, ich muß erst wissen, wer Ihr seid?» Ich bin – und der da ist ein Professor. «Was ist ein Professor?» Nun – das ist ein Mann, der Alles kann. «O, da braucht Ihr mich nicht, er wird schon das Gatter öffnen können.»

Ein Bauer, der zwei Stunden weit zum Pfarrer geht um zu beichten, erhält keine Absolution, sondern muß seine Sünden wiederum nach Hause tragen. In der folgenden Nacht läßt er dem Priester sagen, er sei vom Schlage gerührt, werde sterben, und verlange die letzte Oelung zu erhalten. Ungern rüttelt sich der bequeme Pfaff aus dem Bett, und macht den beschwerlichen Weg. Als er in die Wohnung des Bauern ankömmt, fährt der Kranke von seinem Lager auf, und ruft ihm entgegen: «Mir fehlt nichts, ich bin gesund und hab Euch nur lehren wollen, was das heisst, einen beschwerlichen Weg umsonst machen.»

Der General... trifft einen Appenzeller-Burschen an, der ihm gefällt. He, willst du mit in den Krieg? – «Ich mag nicht, ich bleib' lieber zu Hause.» – Du weißt vielleicht nicht, was Krieg ist – «Das weiß ich wohl.» – Nu, sag mir's, ich geb' dir was – «Gebt her.» Als er die Zahlung erhalten hatte, weigert er sich, es zu sagen, läßt sich noch zweimal Geld geben, und sagt es doch nicht. Der Alte wird unwillig, schimpft, und will ihn schlagen. Augenblicklich schlägt der Bursche ein Gelächter auf, und sagt: «Wißt Ihr nun, was Krieg ist? ... Wenn einer mehr nimmt als ihm zukommt, und der andere darüber böse wird.»

Ein junger Bursche wird wegen eines Vergehens in die Trille gestellt. Als er seine Strafe gebüßt hat und ins Wirtshaus kömmt, lachen ihn die andern aus, und rücken von ihm weg: «Ihr habt das nicht nöthig», sagt er, «ich bin reiner als Ihr, denn ich bin seit ein paar Stunden tüchtig gehaspelt worden.»

«Alter!» sagt ein Appenzeller zu dem Träger eines Reisebündels, «die Last wird Euch zu schwer, ich will sie abnehmen» – da nehmet sie! – «und zu mir nach Hause tragen.»

Ein Reisender läßt sich auf den Kamor führen, um bei Sonnenaufgang auf dem Gipfel zu seyn. Mein Hund, der auch Kamor heißt, ist grösser als der Berg, sagt der Fremde zu dem Appenzeller. «Jetzt noch nicht, aber er kann es werden bis Morgen früh», war die Antwort.

Ein Appenzeller verheirathet sich unbesonnen, und wird unglücklich. Als man ihn darüber zu Rede setzte, erwiederte er: «Ich habe den lieben Gott seinen Weiberhaufen nicht untereinander gerührt, sondern gerade eine obenab genommen.»

Ist es wahr, daß es bei Euch so viele Esel giebt? fragt ein Rheintaler? «Ja», antwortet der Appenzeller, «sie stehen bei uns dick, und werden sehr groß; bei Euch aber stehen sie dünne, und bleiben alle klein und winzig.»

Bei einer Rathssitzung fragt der Landammann einen Rathsherrn, was ihm gut dünke? – «Honig auf Butterbrod.» – Nach erhaltner Zurechtweisung sagte er: «Ihr hättet mich fragen sollen was ich für recht, und nicht was ich für gut oder angenehm halte.»

Im Jahr 1795 wurde in einer Gesellschaft katholischer Appenzeller sehr viel über den blutigen Krieg zwischen dem Kaiser und der Französischen Republik gesprochen. Ein Knabe von 12 bis 14 Jahr; der lange aufmerksam zugehört hatte, sagte zuletzt: «Ich würde dem Kaiser rathen, er solle eine wackere Hämath (Heimath, d. i. Wohnung mit einigen Morgen Wiesen umher) kaufen, damit er das ganze Jahr hindurch 12 schwere Kühe unterhalten könnte; alsdann hätt' er zu båten und zu z'werchen (alsdann müßte er beten und arbeiten), und es käme ihm nicht mehr in den Sinn, die Leute so gottlos zu plagen.»

Ulrich Hegner.
geb. 1759. gest. 1840.

VIII
Von U. Hegner zu J. V. v. Scheffel –
Belletristische Glanzlichter und reiseliterarische Reflexe

U. Hegner
Aus
«Die Molkenkur». Zürich 1812. – Der Abgesang des
zürcherischen Appenzell-Lobs

Es muss ein uralter Volkstamm sein, der seine Eigenthümlichkeit wol nicht anders, als durch die Abgeschnittenheit von der übrigen Welt und seine freie einfache Regierungsart hat bewahren können. Die Viehzucht hat sie freilich gesellschaftlicher gemacht, als es jene wilden Jäger sind; und dann sage man was man wolle, sind die Grundsätze des christlichen Glaubens, wenn sie auch noch so ungeläutert unter diese isolierten Bergleute kommen, doch ein Zügel der Wildheit und ein guter Same der Humanität. Von ihren reformirten Landsleuten sind sie bei dem gleichen angestammten Volkscharakter doch etwas verschieden; sie sind der Natur näher, wenn man anders den ungebildeten Zustand der Menschen Natur nennen darf; sie sind offener, kecker, sorgenloser, gesunder, haben schönere Weiber. Sie säen nicht und ernten nicht, sammeln nicht in die Scheunen, und doch finden sie Nahrung, treiben Spaß, und leben wie die Vögel unter dem Himmel. Jene hingegen leben weniger in der freien Natur, und sind durch den Handelsfleiß, der sich von St. Gallen aus auch unter ihnen verbreitet, weichlicher geworden; das Weben in Behältern unter dem Boden macht die Männer kränklich, und das Sticken in engen niedrigen Stuben die Mädchen blaß; dafür haben sie denn freilich mehr Geld, aber weniger Lebensfreudigkeit. Im Gebirge wohnt das Urvolk, zeigt sich noch im Nationalcharakter gesondert von allem Fremden. Unsere deutschen Bauern sind wahre Klötze gegen diese geistvollen Leute.

*

Ich merkte dem Hauptmann bald ab, wie man sie behandeln muß; sie kennen einzig den Ton angeborner Gleichheit; wenn man den trifft, so sind sie honnet und vertraulich, aber wehe Dem, der sich mit wegwerfendem Spaß an sie waget! Sie stellen sich einfältig, um die treffenden Pfeile ihres Hohnes desto sicherer auf ihn abzuschießen. Der deutsche Arzt erfuhr das: Er hatte schon eine Zeit lang sie aufgezogen, und ihnen Märchen vom Auslande aufgebunden; und jetzt, um sie zu beschämen, und zugleich den Damen seine Kraft zu zeigen, sprang er mehrmals über unsern Tisch weg; und da ihm das kein Appenzeller nachthun wollte, lachte er sie Alle aus. Sie schienen sehr verlegen, endlich sagte Einer, wenn der Tisch dort stände, wo jenes Heu liege, so wollte er den Sprung wagen, damit er sich im Fallen nicht weh thue. Sogleich wurde der Tisch hingestellt.«Macht es uns noch ein Mal vor, Herr!»Er that's und stak bis an den Bauch in einer Grube voll Kuhmist, die der Appenzeller unbemerkter Weise mit Heu zugedeckt hatte. Er fluchte wie ein Heide, und begehrte von dem Hauptmann Genugthuung, der ihn hätte warnen sollen. Da er aber ganz abscheulich aussah, und kein Mensch mehr um ihn bleiben wollte, mußte er zuletzt froh sein, als ihm der Hauptmann das Sonntagswamms eines Sennen verschaffte, das ihn auch zu seiner und unsrer Beruhigung nicht übel kleidete. Nachdem der Tisch wieder an seinem vorigen Platze stand, sprangen sie alle darüber hinaus.

ANONYMUS
AUS
«DIE NEUESTEN BRIEFE AUS DER SCHWEIZ IN DAS VÄTERLICHE HAUS NACH LUDWIGSBURG». MÜNCHEN 1807.

Ich will es jezt versuchen, einige schwache Charakterzüge von dieser ganz eigenen Nation zu entwerfen, und diejenigen Bemerkungen Ihnen mittheilen, die ich nach mehrere Wochen langen Aufenthalte zu machen Gelegenheit hatte. Der Appenzeller ist verschlagen und listig, aber arbeitsam und industriös, auch zu mechanischen Erfindungen aufgelegt und geschikt. Im Umgang dienstfertig, obgleich nicht immer am höflichsten, gegen Fremde neugierig, und in entfernten Thälern und Berghöhen, vorzüglich redlich und aufrichtig, stets von guter Laune, und bei seinen Geschäften munter und fröhlich. Seine Heiterkeit und Fröhlichkeit zeigt er bei

Joseph Victor von Scheffel. 1826–1886.

jeder Gelegenheit durch jauchzende Töne und muntere Gesänge. Gegen Unbekannte, besonders Reisende stellt er sich oft einfältig und ungeschikt, und wenn man ihn zum Besten haben will, so fertigt er oft seinen Gegner, sobald er seine Zeit ersieht, mit einem feinen und oft treffenden Wiz ab; denn er ist wirklich wizzig und hat viele drollige Einfälle.

J. V. v. Scheffel
Aus
«Ekkehard. Eine Geschichte aus dem 10. Jahrhundert». Heidelberg 1855. – Zwischen Aelpler- und Klosterwelt.

Mußt schlau und fürsichtig sein, als wenn du eines Adlers Nest beschleichen wolltest, um die Jungen auszuheben, sprach Ekkehard zum Handbuben. Erkunde den Klosterschüler, der mit dem Wächter Romeias war, da die Hunnen kamen, dem entbiete den Brief. Sonst soll niemand drum wissen.
Der Handbub legte den Zeigefinger auf die Lippen. Bei uns wird nichts verplaudert! sprach er, Bergluft macht still.
Nach zwei Tagen kam er wieder bergan gestiegen. Er packte den Inhalt seines Tragkorbs vor Ekkehards Höhle aus. Eine kleine Harfe war unter grünen Eichzweigen verborgen, dreieckig, der Gestalt des griechischen Delta nachgebildet, mit zehn Saiten besaitet, Farbe und Schreibgerät dabei und viel Blätter saubern weichen Pergamentes, sorgsam waren die Linen drin punktiert, daß die Buchstaben gerade und eben drauf zu stehen kämen.

Aber der Handbub sah finster und trotzig drein.
Hast's brav gemacht, sagte Ekkehard.
Ein zweitesmal laß ich mich nicht mehr dort hinunterschicken, murrte der Bub und ballte die junge Faust.
Warum?
Weil dort keine Luft geht für unsereins. Im Stüblein der Wandersleut' hab' ich mir den Schüler erkundet und hab' den Auftrag bestellt. Hernach aber wollt' ich erschauen, was das für eine heilige Zunft sei, die dort in Kutten zur Schule geht, und bin in den Klostergarten gegangen, dort haben die jungen Herren mit Würfeln gespielt und Wein getrunken, es war ein Ergötzungstag. Da hab' ich zugesehen, und wie sie Steine nach dem Ziel warfen und das Stockspiel trieben, hab' ich laut auflachen müssen, weil alles schwach und spottmäßig war. Und sie wollten wissen, warum ich lachte, da hab' ich einen Stein gegriffen und hab' ihn zwanzig Schritt weiter geworfen als der beste von ihnen, und hab' gesagt: Was seid ihr für Wacholderdrosseln, wollt ein rechtschaffen Spiel spielen und habt lange Kutten an! Euch kann ich ja nicht einmal zum Hosenlupf ausfordern oder zu einem gehörigen Schwingen; eure Sach ist nichts! Da sind sie mit Stöcken auf mich los, aber den nächsten hab' ich gegriffen und durch die Lüfte geworfen, daß er ins Gras flog wie ein flügellahmer Bergrabe; und sie erhoben ein groß Geschrei und sagten, ich sei ein grober Bergbub, ihre Stärke sei Wissenschaft und Geist. Da hab' ich wissen wollen, was der Geist sei, und sie sprachen. Trink Wein, dann schreiben wir dir's auf den Rücken! Und der Klosterwein war gut, ein paar Krüge hab' ich ihnen weggetrunken, dann haben sie mir etwas auf den Rücken geschrieben, ich weiß nimmer, wie's zuging, aber andern Morgens hab' ich nur einen schweren Kopf gehabt und weiß von ihrem Geist im Kloster so wenig denn vorher.
Der Handbub streifte sein rauhes Flachshemd zurück und wies Ekkehard seinen Rücken. Der trug in großem Lapidarstil mit schwarzer Wagensalbe aufgetragen die Inschrift:

Abbatiscellani, homines pagani,
vani et insani, turgidi villani.*

Es war ein Klosterwitz. Ekkehard mußte lachen. Laß dich's nicht verdrießen, sprach er, und denke, daß du selber schuld bist, weil du zu tief in den Weinkrug geschaut.
Der Handbub war nicht beruhigt. Meine schwarzen Ziegen sind mir lieber als all die Herrlein, sprach er und knüpfte sein Hemd wieder zu. Aber wenn mir so ein Hasenfuß, so ein Lappi auf die Ebenalp kommt, dem schreib' ich mit ungebrannter Asche ein Wahrzeichen auf die Haut, daß er zeitlebens dran denken soll, und wenn's ihm nicht recht ist, kann er den Bergtobel hinabsausen wie ein Schneesturz im Frühling.
Brummend ging der Bub von dannen.

---

* Die bei des Abtes Zellen
Sind heidnische Gesellen,
Grobe ungescheite
Hochmüt'ge Bauersleute.

Sig. J.J. Mock, F. Hegi: Gais AR, Dorfplatz.

Comte de Walsh
Aus
«Notes sur la Suisse et une partie de l'Italie».
Paris 1823.

«Les Appenzellois sont renommés, dans toute la Suisse, pour la gaîté de leur caractère, l'originalité de leur tour d'esprit, et l'à-propos mordant de leurs réparties. On affirme que maintes fois des gens des autres cantons, ou des beaux-esprits allemands, ayant cherché à les mystifier, n'ont pas eu les rieurs de leur côté.»

D. Raoul-Rochette
Aus
«Lettres sur la Suisse». Paris 1822.

C'est à cette extrême vivacité de l'air, qui est telle ici, qu'à la distance d'une lieue, on distingue parfaitement les plus petits ornemens d'une clôture rustique, qu'il faut attribuer le caractère singulièrement spirituel et énergique de cette peuplade de montagnards. Nulle autre tribu des Alpes n'est aussi remarquable par la grâce, l'à-propos et la vivacité de ses saillies. Nulle autre ne s'est constamment signalée par un zèle si ardent pour son indépendance, et par une liberté si orageuse. L'esprit a tant de pouvoir chez cette nation, qu'on peut dire qu'il y dispense seul toutes les dignités, et que, dans la démocratie la plus effrénée, il y donne un titre à tous les honneurs, il y forme un véritable privilége. On a vu plus d'une fois, dans les assemblées publiques de l'*Appenzell*, des magistrats coupables de malversations manifestes, échapper par un bon mot à une sentence inévitable, et détourner par une saillie l'arrêt qui allait les foudroyer.

Ce peuple est enfin si sensible à l'esprit, que dans ses emportemens contre ceux de ses chefs qui le choquent ou qui lui déplaisent, il pardonne même à une épigramme lancée sur lui, pourvu qu'elle soit bien ajustée; et qu'on est sûr de lui plaire, quand on le provoque avec grâce. C'est, en un mot, le peuple du monde le plus libre, et qui admette le mieux, dans toute son étendue, l'aristocratie de l'esprit.

Anonymus
Aus
«L'Hermite en Suisse ou observations sur les moeurs et usages suisses au commencement du XIXe siècle».
Paris 1829–30.

Presque toutes les ames que la nature a fait naître sur les montagnes de l'Appenzell, elle les a douées d'une force de corps prodigieuse et d'un esprit qui a toute la vivacité de l'air qu'on y respire. Nulle part nous ne rencontrâmes des imaginations plus mobiles ni plus poétiques. Sur la route d'Appenzell nous entrâmes dans un village où disputaient deux hommes assis en face l'un de l'autre. Autour d'eux étaient groupés plusieurs habitans dans des attitudes diverses, mais toutes pittoresques, l'œil attaché sur les deux antagonistes. Notre arrivée troubla la lutte, mais sans la terminer. Les deux rivaux, qui s'étaient levés en nous apercevant, s'assirent après nous avoir salués, et continuèrent leur discussion. Elle roulait sur la comparaison des vaches de l'Appenzell et des vaches de l'Emmenthal... Celui qui s'était fait l'avocat des vaches de l'Emmenthal était un pâtre coiffé d'une calotte rouge, qui à chaque mouvement oratoire un pen vif inclinait de quelques degrés sur son oreille gauche, et donnait à sa physionomie déjà si vive quelque chose de burlesque et de martial. L'autre était un simple vacher, mais plein de fierté et glorieux des mille rubans attachés à sa boutonnière, trophées dont l'avait orné les jeunes filles du canton. Nous nous approchâmes. Les groupes d'acteurs de ce drame pastoral s'écartèrent pour nous faire place, et nous nous trouvâmes à côté des deux héros. Notre présence sembla les enflammer; ils se levèrent alors et commencèrent un combat nouveau. Qui eût pu sténographier cette scène dialoguée aurait composé un tableau singulièrement original. Ce n'était point un combat de bergers tel qu'en ont chanté Théocrite et Virgile, mais une lutte à l'instar de celle de deux orateurs anglais, montés sur les hustings et se disputant la candidature. Nous doutons que l'extrême liberté de la langue électorale, l'amour des applaudissements, l'enivrement de la faveur populaire, l'irritation de l'orgeuil ou l'insolence du rang eussent mis dans leur bouche des réparties plus vives, de moqueries plus cruelles, des plaisanteries plus mordantes. C'etait un assaut de railleries amères, d'épigrammes déchirantes, de sarcasmes altiers et comiques, que la figure moitié bouffonne, moitié sérieuse, et les gestes désordonnés des deux pâtres rendaient on ne peut plus dramatique. Il n'y avait dans les groupes ni jalousie ni préférence pour l'un ou l'autre des rivaux. Chaque trait d'esprit était accueilli par des ris universels, sorte de triomphe qui laissait un moment de repos au vainqueur et redoublait la colère du vaincu, qui de la main tâchait d'imposer silence, et, se recueillant, laissait tomber à son tour des mots malicieux, et mettait les rieurs de son côté.

Heinrich Zschokke
Aus
«Die klassischen Stellen der Schweiz».
Karlsruhe und Leipzig 1842

Die Appenzeller sind durch ihre heitere Laune und ihre drolligen Einfälle in der ganzen Schweiz bekannt; und vor allem die «Innerrhödler». Man wiederholt sich gern ihre witzigen, spitzigen Erwiederungen bei verschiedenen Gelegenheiten, und es wird nicht ganz außer Ort seyn, wenn ich hier zur Unterhaltung einige mittheile.
«Fort mit dir, und komm' mir nicht wieder vor's Haus!» rief einst ein reicher Herr dem Bettler durchs Fenster zu, der eben angeläutet hatte. «Nichts für ungut» versetzte der Bettler: «ich wollte grade bei Euch Abschied nehmen.»
Bei einer Inspektion der Milizen bemerkte der eidgenössische Oberst, daß die Kragen der Uniform ungleich zu seyn schienen. «Das kömmt nur daher», sagte Einer, «weil nicht alle Soldaten ordonanzmäßige Hälse haben.»
Ein Landammann, der von einer erhaltenen Sendung Stockfische dem Gemeindsvorsteher zum Kauf angeboten hatte, und zur Antwort erhielt: «Stockfische lieb ich überall nicht!» erwiederte diesem: «das find ich nicht gut, wenn Brüder einander nicht lieb haben.» – «Doch besser,» versetzte der Ortsbeamte: «als wenn sie einander fressen.»
Freilich der Landammann ist die höchste Magistratsperson im Staat; aber im Privatleben allen Bürgern des Landes gleich. Er muß sich daher wohl gefallen lassen, wenn er vom geringsten Bauer dieselbe Behandlung

empfängt, die er diesem wiederfahren läßt. In der Demokratie wird das Amtsvorrecht nicht, wie in monarchischen oder aristokratischen Staaten zu einer Art persönlichen Rangs und Vorrechts verwandelt; hinwieder dennoch der obrigkeitlichen Würde, und trüge sie auch der gemeinste Bürger, Ehrfurcht gezollt. Als die Gesandten Alexanders des Großen zu dem noch größeren Phocion kamen, fanden sie ihn mit Wassertragen, seine Gemahlin mit Backen beschäftigt. Solche Überraschungen sind in den schweizerischen Demokratien gar nichts Seltenes, wenn auch die Phocionen fehlen.
Der Landammann Gebhard Zürcher von Außerrhoden, war Landbauer und Zimmermann. Wenn er Morgens in amtlichen Sitzungen des Rathes oder in Kommissionen die Verhandlungen mit Einsicht geleitet hatte, sah man ihn Nachmittags hinter dem Pflug oder mit der Axt in seiner Werkstätte. So fand ihn einst ein Patrizier aus einer der schweizerischen Hauptstädte, der sich wegen erheblichen Angelegenheiten an die Regierung von Appenzell wenden mußte. Der Landammann führte ihn in sein Wohnzimmer, um ihn anzuhören. Der Patrizier, vor dem Mann im Schurzfell wenig Achtung fühlend, setzte den Hut wieder auf, und mit der Reitgerte in der Hand spielend, trug er ihm sein Geschäft vor. Als er vollendet zu haben glaubte, und in einer vornehmen, fast herablassenden Stellung das Urtheil des Landmanns erwartete, fragte dieser: «Mit wem wollt ihr denn eigentlich reden? Mit dem Bauer Gebhard Zürcher, oder mit dem Landammann von Appenzell?» – «Natürlich mit dem Landammann!» antwortete der Patrizier. «So nehmt den Filz ab», sagte der Landammann mit edlem Ernst: «vergeßt keinen Augenblick vor wem ihr steht; und traget mir Eure Sache vor, von der der Landammann nichts gehört hat, weil Ihr sie nur Eures Gleichen, dem Bauer, erzählt habt.» – Der betroffene Patrizier gehorchte mit Ehrerbietung und stammelte erröthend seine Entschuldigungen.

Melchior Kirchhofer
Aus
«Wahrheit und Dichtung. Sammlung
Schweizerischer Sprichwörter.»
Zürich 1824

Es ist eine Appenzeller Rede.
Eine witzige oft beißende Rede mit der man es nicht so genau nehmen muß, weil der Witz dem appenzellerischen Volk anerboren ist.

Der Appenzeller läßt sich führen aber nicht treiben.
Dieses Sprûchwort bewährt sich durch die ganze Geschichte der Appenzeller und anderer freyer Völker, und stimmt mit einem andern Sprûchwort überein, das freylich spät (erst in der letzten Hälfte des achtzehnten Jahrhunderts) entstand, und nicht immer angewandt wurde: Toggius ratione ducitur.

Er muß es gad eben machen wie der Appenzeller.
Und wie machte es dieser? Als err bey dem Pfarrer um die Taufe seines Kindes anhielt und dieser fragte: Wo er das Kind habe? so erwiederte der Appenzeller: Es hange gad eben an der Kirchenthûre. Er und der Pfarrer werden's wohl mögen b'heben. Ein im Thurgau übliches Sprûchwort, das man einem sagt, wenn er nicht weißt, wie er seine Sache anfangen soll.

Landammann Gebhard Zürcher und ein Patrizier.
Illustration zu einem oft überlieferten Witz, den auch Heinrich Zschokke nacherzählt.
Graphische Sammlung der Zentralbibliothek Zürich.

Mundart im Kanton Appenzell Außer Rhoden.

Bestrafter Kirschenraub.

'S ischt ame[1] Sonntig gsee[2] ond äben im Sommer im Chrieset,[3]
So hät's en Bueb=n=agmacht,[4] wo=[5] n=er en Chriesbom[6] ufluegget,[7]
Der hät dem Nochbure ghört, ond ischt der äbe z'Chilche[8] gsee.
No so chletteret der Bueb use,[9] ond hät si do handli[10] erloschtigt
A dene höbsche Chriesene.[11] So chont[12] denn aber e Wetter,
As er's nüd achtet ond nüz[13] as Chriesi ond Chriesi gsehe.
Jetz schlot[14] aber 'ß Wetter in Bom, aß[15] er im Schrecke gheit abe,[16]
Hät em aber nüz thue,[17] weder gab[18] e chli hert aghocket[19] ischt er.
Stoht er ase[20] tosem[21] wieder uf ond lueget e so an Bom use,
„Nä," sät er, „göscht[22] en Lärmen om e so e paar Chriesi!"[23]

Der rechte Weg.

Es ryt en fromte[24] Heer dör's Appezellerland,
Ond tröst en Bueben=a; er ischt halt ohbekannt,
So frohget er de Bueb: chom i de rechte Weg?
„Nä, ha=a,[25]" sät der Bueb, „ehr müend[26] deselbe Steg."
— So muß i z'rock? — „Nä, ha=a," sät er witer,
„Gäb[27] 'ß Roß ombräyt,[28] ond wieder försi[29] ryte!"

Die Kirchgänger.

Zwee Nochbre hönds[30] abglegne gha,[31]
I d'Chilche z'göhnd,[32] ond sönd si gwa,[33]
Zicht ahre[34] n=an zuem äne[35] cho,[36]
Ond gfröhget: wottscht[37] au met mer cho?
So chont der ä[38] im Sonntig=G'wand,
Ond hät si[39] Strützli i der Hand.
Wottscht mit? Do grift der z'erscht in Sack,
Ond sät drof: Nä, i ha noh Back.[40]

---

1 an einem. 2 gewesen. 3 Kirschernte. 4 d. i. lüstern gemacht. 5 wie, als. 6 Kirschbaum. 7 hinaufschaut. 8 zur Kirche. 9 hinauf. 10 d. i. weidlich. 11 Kirschen. 12 kommt. 13 nichts. 14 schlagt. 15 daß. 16 fallt hinab. 17 gethan. 18 als nur. 19 ein bischen hart abgesessen. 20 so. 21 still aus Beschämung. 22 giebst. 23 Kirschen. 24 fremder. 25 ein in der Schweiz oft gebrauchter Ausdruck der Verneinung. 26 musset. 27 nur. 28 umgedreht. 29 vorwärts, gerade aus. 30 haben es. 31 abgelegen gehabt. 32 in die Kirche zu gehen. 33 sich gewöhnt. 34 immer. 35 d. i. Einer zum Andern. 36 gekommen. 37 willst. 38 kommt der Eine. 39 sein. 40 ich habe noch Taback.

Germaniens Völkerstimmen,

Sammlung der deutschen Mundarten

in

Dichtungen, Sagen, Mährchen, Volksliedern u. s. w.

Herausgegeben von

Johannes Matthias Firmenich.

Zweiter Band.

Berlin, 1846.

Schlesinger'sche Buch- und Musikhandlung.

IX
Witz und Eigenbild – Die einheimische Landeskunde im 19. Jahrhundert

Johann Merz
Aus
«Der poetische Appenzeller, in seiner Landessprache». Herisau 1827. – Der Witz im Zeichen J. P. Hebels

Der Mann der alles kann.

Zwee frönd Here sends g'see, los Vater wie s'ist gange,
Die rited do dǒruf, nebed dem Gade' rechts dǒre,
Stohni do bim Vechli, ond rǔft mer der åh of'm Schǔmmel,
Måhn' es sey en Galler g'see, der ander ganz frönd,
Rǔeft mer der Galler: «Junge thuo do dem Herr Professor
De Gatter uf! I frog, jo waul, was ist en Professor?
En Mann ist's der alles kann! Jo wohl, der alles cha?
Ond wenn er alles cha, såg' i, cha er wohl au de Gatter ufthuo.

Die schlimmen Straßen.

E gottlosi Ornig heyedmer, het gester z'Gallen en g'såt,
Ke Chuoh chöm dǒre, ås nǔd mit de Hǒrnere mǔeß b'hange,
In ǔsere Stroße; Jo wohl guote Frǔnd såg i, send er au scho
Bi ǔs im Land gsee? Jo wohl, het me mer g'antwort;
Drom schint's Here Nochber, hender ke Hǒrner no gha,
Send er denn do no e Chalb gsee?

Die Burg Rachenstein

Das wåst, Seppetoni! au waul, daß mer vor viel hondert Johre
Oder ǔsre Vorfahre do, send arme plogete Lǔt gsee,
Libåge dem Chloster z'St. Galle, ond die Aebt send bǒs ond streng gsee,
En devo går der Abt Cuno, sǒß en Fryherr von Stofle,
Der ist handli orǔebig gsee, ond het mit de Zåhringe krieget,
Ond het ene s'Land verrunirt, bis er em zletst selb au gfǒrcht het,
Es mǒcht em omme cho e mol, ond het do agfohe buwe,
Nǔd wid vom Rachetobel e Schloß, onds hets do Racheståh ghåße,
Do het er d'Vǒgt heregsetzt, daß sie's Geld izǔched von Bure,
S'het gwåhret scho bi drǔhondert Johr, ond hend si d'Bure so drockt
Ond ploget, wenn der Tǔfel do gsee wår, s'het fǔler nǔd chǒne see.

No das wår das Nest gsee, z'r Zuoflocht dem Abt vo St.Galle,
Jez fŏrched d'Appezeller halt au, der Abt mŏcht de Herzog arŭefen,
Von Oestrich (dernoh isch es gschehe) ond mŏchted si los see vom Abt,
Ond hend of en Alos gad gwartet, ond Alos hets do au gli gee;
S'ist do en Bach gsee dŏrs Tobel, am Bach ist e Mŏlbeli g'stande,
Ond der Mŏller viel Chend gha, acht wackere Chend bi enand,
Onder dene Chenden en Buob, der gwohli fŏr de Vatter ist glaufe,
Alle Tag i d'Berg, Mile oder Schotte go hole.
So muoß es denn go, Seppetoni! S'muoßi denn alles so schicke,
Sefeli hol mer no Fŭr! Jo såg i, das Ding wår waul guot.
So geht denn dem Mŏller sin Buob au mit der Taase wie gwohle,
Ond muoß bim Schloß wieder vorby, d'Stroß goht ebe do dŏre,
Hocket der Vogt do vorooße, der Floht! ond sieht do de Buobe;
«Was mached d'Vater ond d'Muotter?» ond: Hå såt do der Buob,
Der Vatter bacht vorgeßes Brod, ond d'Muotter macht bŏs of bŏs.
Der Vogt cha das nŭd verstoh, ond froget: was wotst do mit såge?
Ebe het der Vatter dings Chorn kauft, ond bachet drus Brod,
Ond d'Muotter flickt en alts Wams, os Bleze von alte Hose,
«Worom aber das? såt der Vogt. Ond der Buob såt: Ebe dorom,
Wil du ŭs s'Geld alles nehst! Ŏber das ist der Vogt denn ertaubet,
«Du Lecker! was såst? was gelts i lehr die no schwåze;
Schwåzst mer no emol e so! so råz i der gwŏß d'Hŏnd a!»
No das Ding wår guot, ond wil der Buob wieder hå chont,
So såt er dem Vatter das all's, ond get em der Vatter do a,
Wenn er de Weg wieder mach, so sell er grad d'Taasen omchehre,
Daß der Deckel abwårts chŏm, ond i d'Taasen e Chaz thuo.
No, das thuot denn der Buob, on chont er bim Schloß wieder vorby
So redt e der Vogt wieder a, ond ebe mit listige Worte:
Oeb en Aegerste mee wyß, oder mee schwarz Federe hei?
Såt der Buob denn mee schwarz. Worom? såt do der Vogt.
Dorom, såt do der Buob, wil der Tŭfel mee z'thuo het
Mit de Zwingheren as d'Engel. Ist der Vogt s'å mol ertaubet,
Wie ist er jez erst erwildet! ond råzt jez ebe d'Hŏnd a;
Der Buob aber ebe nŭd ful, nent vo der Taase der Deckel,
d'Chaz gswind os der Taase, ond d'Hŏnd der Chaze gschwind nohe,

Daß der Buob cha entflůhe, ond wådle dem Tobel zuofort,
Ond der Vogt mit e me Spieß, erilt no de Buoben im Tobel,
Wohrli! ond erstecht do de Buob.

G. Rüsch
Aus
«Der Kanton Appenzell, historisch, geographisch, statistisch geschildert». St. Gallen und Bern 1835.

Im Ganzen sind die Appenzeller lebhaft und frohsinnig; sie besitzen große körperliche Gewandheit, viele Geschicklichkeit in Geschäften, einen hellen Verstand und einen zum Sprichwort gewordenen Mutterwitz.

J. K. Zellweger
Aus
«Der Kanton Appenzell». Trogen 1867. –
Festschreibung des Witzes im Buche vaterländischer Geschichte

Wie jeder Schweizer liebt auch der Appenzeller sein engeres Vaterland in hohem Grade. Ist es auch klein; steht es in manchen Einrichtungen hinter andern Staaten zurück, das hält ihn nicht ab, demselben den Vorzug zu geben. Ihm genügt die Freiheit und das Bewusstsein, daß seine Souveränitätsrechte sich forterben auf Kind und Kindeskind. In dem Satze: «Der Staat, das bin ich», findet sich das Gefühl der Selbstherrlichkeit ausgeprägt. Nach Art der Gebirgsvölker ist er auch voll Frohsinn und Scherz, voll Selbstvertrauen und Klugheit. Stolz auf seine Geschichte, erträgt er keinen Spott über seine Nationalität, weil er in derselben eine Art Ideal erblickt. Er ist für sein Vaterland so feurig eingenommen, daß er über Einrichtungen anderer Länder und Staaten leicht absprechend und einseitig urtheilt. Als eine Frucht des klaren Verstandes mit schneller Überlegungsgabe kann der Mutterwitz angesehen werden, welcher, wie bekannt, sprüchwörtlich geworden. Die klugen Einfälle, deren man ganze Sammlungen besitzt, datiren auch nicht erst von heute; schon die Alten waren dafür bekannt. Wir führen hier nur wenige Beispiele an.

*

Nicht minder als den Scherz und witzige Einfälle liebt der Appenzeller auch die Musik. Der Hirte von Innerrhoden jodelt zu Berg und Thal, wenn einmal der Sommer ins Land kommt; sein Nachbar aber, der Ausserrhoder, ergeht sich vorzugsweise im Gesang. In Kirche, Schule, an Volksfesten und bei andern Freudenanläßen – überall erschallen seine Lieder. Gesang würzt jede Unterhaltung; ohne denselben verläßt er unbefriedigt den geselligen Kreis. Ausserrhoden ist darum nicht mit Unrecht auch schon die Heimat der Sänger genannt worden. Allerorten sind seine Chöre willkommen; ihr Ausbleiben bei Nationalfesten wird darum bedauert weil der gute Humor dieser Alpensöhne die Freude Aller vermehrt.

A. Tobler
Aus
«Der Appenzeller Witz. Eine Studie aus dem Volksleben». Heiden 1905
– Tobler als Sammler und Historiker.

Der Appenzellerwitz ist im Schweizerlande so sprichwörtlich geworden, daß man einen jeden Appenzeller ohne weiteres als einen Witzbold geborenen betrachtet. Das ist richtig: die Lebensauffassung des Appenzellers ist im ganzen eine fröhliche, die Sorgen und Mühen des alltäglichen Lebens benehmen ihm die Daseinsfreude nicht. Mitzumachen, mitzulachen und mitzusingen, das steckt eigentlich einem Jeden im Blute. Dazu kommt eine ausgesprochene geistige Aufgewecktheit. Diese beiden Eigenschaften bilden den richtigen Nährboden für den Witz: ernste, traurige und dumme Leute sind unfähig witzig zu sein und Witze zu ertragen. Glückliche Naturanlagen haben demnach unserem Volke die Gabe des Witzes verliehen. Aber es hat doch damit so eine eigene Bewandtnis, da es vor allem darauf ankommt, was man unter Witz versteht.
Der Appenzellerwitz ist eigentlich so alt, wie die Freiheit des Landes; denn gerade aus jener Zeit, in der Appenzell sich aus äbtischer Untertänigkeit zur Selbständigkeit emporrang, sind uns die ersten Witze überliefert.
Am Schloß Schwende ging häufig ein Knabe, der Sohn eines Bäckers vorüber, um Molken in der Alpe zu holen. Einst fragte ihn der Schloßherr, was Vater und Mutter machen? «De Vatter bachet vorggesses Brod, ond d Muetter macht böös uff böös!» Der Edelmann, die Erläuterung dieser rätselhaften Rede begehrend, vernahm, daß der Vater das Mehl, welches er verbacken, noch nicht bezahlt habe, und die Mutter mit alten Lappen ein zerrissenes Kleidungsstück ausbessere. Auf die Frage, warum sie dieses tun, antwortete der Knabe: «Eba doromm, daß-d'öös 's Göld alls nehscht», worauf ihm der Edelmann drohte, die Hunde gegen ihn anzuhetzen. Der Knabe erzählte zuhause den Vorfall, und der Vater riet ihm, künftig das Milchfaß mit dem Deckel abwärts zu tragen und eine Katze in dasselbe zu sperren. Als der Knabe, so gerüstet, wieder beim Schlosse vorbeikam, fragte ihn der Edelmann: «Nun, du Witznase, kannst du mir sagen, ob eine Elster mehr weiße oder schwarze Federn habe?» «Meh schwatz!» «Warum?» «Will halt de Tööfl meh mit-de Zwingherre z'schaffid häd, as d'Engel!»
Schlagfertig, geistesgegenwärtig, rücksichtslos und verletzend: so tritt uns vor 500 Jahren der erste appenzellische Witzling, leider ohne Namen, entgegen.
In dem Rechnungsbuche des Secklers Hug von Herisau (1405–1407) findet sich unter den Ausgaben ein Posten von 3½ Pfund Pfenninge, mit der wertvollen Bemerkung: «enphieng der witzig Tanner». Dieser Mann, von Beruf ein Viehhändler, zeichnete sich demnach in besonderem Maße durch seinen Witz aus, über dessen Natur wir leider kein Urteil besitzen.
Als die Appenzeller im Jahr 1425 mit Bann und Interdikt belegt wurden, da beschlossen sie mit witziger Verachtung der geistlichen Strafe: «daß man nit well im Ding sin.»
Als gegen Ende des 15. Jahrhunderts die Appenzeller mit dem Abt von St.Gallen, dem «bschissnen Uoli», wie

sie ihn hießen, in Konflikt gerieten, sagte ihm einmal einer ins Gesicht: «Ei, du bschißt mich nit, man kent dich wol!» Der Abt meinte: «Aber gedenkend minen darbi, es wird etwan ainer nahen komen, für den ir mich wunstend», worauf er die Abfertigung erhielt: «Sollte dan ain böserer komen, dan du bist, so müßt es der tüfel ger sin.»

Das folgende Beispiel eines Appenzellerwitzes überliefert uns Johannes Keßler in seinen Sabbatha aus den zwanziger Jahren des 16. Jahrhunderts: «Wie ain Abbaceller Knab über das feld ainen schweren pfal uff der aichsslen (Achseln) getragen, begegnet im (ihm) ainer, so och von dem Konig von Frankrich mer dann verdient bluotgelt, so man pensionen nennet, jahrlich empfachet. Disser hat den Knaben begruotzt und gesprochen: Knechtli, wie magst denn schweren stock tragen, er ist dir zuo schwer; antwurt der Knab daruff behend: lieber, du darffst nutschat (nichts) sorgen, er ist mitt nammen schwer, ich thuon aber wie du, wenn er mir uff ainer aichsslen zuo schwer ist, so lupf ich in uff die andren, kain (kann) wol uff baiden aichsslen tragen (1524).

Das sind die ältesten Nachrichten über den Witz. Er wird immer mehr gepflegt worden sein, so daß er bereits im 18. Jahrhundert als eine Art Nationaleigenart der Appenzeller betrachtet wurde.

✳

«Diese Urteile [Tobler zitiert Reiseautoren des 18. Jahrhunderts] dürften genügen. Es läßt sich leicht erkennen, daß die Äußerungen der spätern durch diejenigen der frühern wesentlich beeinflußt worden sind, daß also auch hier, wie anderwärts in der historischen Ueberlieferung, einer dem andern gläubig und ohne die Quelle zu nennen abgeschrieben hat. Wenn so die Form der Ueberlieferung zur Vorsicht mahnt, so ist an der Richtigkeit der Tatsache doch nicht zu rütteln. Wir Appenzeller wissen das selber. Aber grundfalsch wäre es, in einem jeden Appenzeller einen schlagfertigen, witzigen Menschen zu suchen, als ob der Appenzeller das Witzvermögen gepachtet hätte. Ist aber der Appenzeller einmal mit Witz begabt, so zeigt sich eine ungewöhnliche und mit Recht berühmte Schlagfertigkeit schon in frühester Jugend, wie das auch Meiners betonte.

✳

Neben den vielen und unzweifelhaft echten Appenzellerwitzen gibt es wieder andere, deren appenzellischer Ursprung nicht mit Sicherheit zu erkennen ist. Es hält deshalb oft schwer, einen importierten Witz von einem appenzellischen zu unterscheiden. Witze sind eben auch Allgemeingut, die vor Zeiten schon, namentlich aber heutzutage in die Zeitungen, Sammlungen und Kalender der ganzen Welt wandern. Aber auch die echten verfielen dem Lose aller Traditionen, d.h. sie erlitten Veränderungen und wurden als neuestes Produkt der Lesewelt vorgeführt. So läßt sich mit Leichtigkeit erkennen, wie Witze, die Ebel oder der Appenzellerkalender vor 100 Jahren überlieferten, ihr äußeres Gewand abstreiften und in neumodischem Kleide mit der alten Pointe wieder erscheinen.

Der Volkswitz ist eben seinem Wesen nach unerschöpflich, erneuert sich von Tag zu Tag, und wird einmal ein guter, ein Treffer gemacht, so wandert er von Mund zu Mund, von Gemeinde zu Gemeinde und weit darüber hinaus und erhält sich von Generation zu Generation.

J.H. Bleuler: Weissbad AI Kuranstalt

X
«Appenzeller Einfälle» – Die erste Witz-Sammlung aus appenzellischer Feder

Trogen.
Gedruckt und im Verlag bei Meier und Zuberbühler.
1829.

Zwei
Urtheile von Ausländern über
Appenzeller-Witz.

(Statt einer Vorrede.)

„Die Einwohner des Kantons Appenzell haben viel Witz, der oft empfindlich sticht, besonders den, der sie necken will. Dies haben sie mit allen freien Menschen gemein; ich glaube, daß — wenn alle Umstände gleich sind — das freieste Volk allemal das witzigste sei. Keine Griechen waren so witzig, wie die Athener, und keine so frei, wie sie! Denn solche Leute haben wegen der Theilnehmung an der Regierung einen geübtern Verstand, und dann fürchten sie sich nicht, alles zu sagen, was sie denken. Aus dem letzten Grunde vorzüglich sind auch die Könige witziger als andere Sterbliche; und ich bin überzeugt, der witzigste König würde nicht halb so viel Bonmots gesagt haben, wenn er Minister gewesen wäre."

Joh. Michael Affprung.

„Der Appenzeller ist lebhafter, muntrer, scherzhafter, witziger und geistreicher als alle seine Nachbarn. Ueberall erschallen Appenzells Gebirge von freudigem Jauchzen und einem eigenen Geschrei, was sie Jolen nennen. Als ich zum erstenmal dieses Land betrat und von allen Seiten Jauchzen hörte, wohlgekleidete Menschen im lachenden Grün der Wiesen hüpfen und sich freuen sah, glaubte ich in einer der glücklichen Inseln zu sein, wovon sich ein Schatten im Südmeere befindet. Der Gott Komus scheint mit ewigen Flügeln über diese Berge zu schweben. Wo man einen Haufen zusammen stehen oder sitzen sieht, da wird gescherzt und gelacht; selten wandern sie vor einander vorüber, ohne daß einige mit einander spaßen, sich necken oder katzbalgen. Schnell im Erwiedern, sind ihre Scherze nie beleidigend und beissend. Merken sie aber, daß andere sie zum Beßten haben wollen, so sind ihre Antworten gewöhnlich scharf und derb, welches sie bei ihren Nachbarn in den Ruf grober Leute gesetzt hat. Ausser ihrem Lande stellen sie sich da, wo sie wissen, daß man sie nicht gerne sieht, einfältig und dumm. Wenn ihre Gegner, dadurch dreist gemacht, ihren Spöttereien freien Lauf lassen, und sich schon an ihrem Triumphe kitzeln, so ergreift der schlaue Appenzeller plötzlich die scharfe

Waffe seines Witzes und vernichtet seinen Feind, indem er ihn zum Gelächter der ganzen Gesellschaft macht. Gewöhnlich duzen sie dann den Angreifer, welches ihren Wendungen und Ausdrücken mehr Originalität und Kraft zu geben scheint." Ebel.

1.

In einer Gemeinde in Ausserrhoden wurde einst eine Glocke gegossen. Da hatte der Meister die Masse nicht gehörig berechnet, und die Glocke kam ohne Krone zum Vorschein. In der nämlichen Zeit geschah es, daß in einer benachbarten Stadt der Stadtschreiber hingerichtet wurde. Ein Einwohner jener Gemeinde kommt dahin und wird spöttisch befragt: Wie eine Glocke ohne Krone aussehe? „Wie ein Stadtschreiber ohne Kopf," war die Antwort.

2.

Als bei Anlaß besonderer Verhandlungen die Landsgemeinde von Innerrhoden in der Kirche, statt, wie gewöhnlich, unter freiem Himmel gehalten wurde, sagte ein Innerrhoder, der um die Ursache dessen befragt wurde: „Sie gehen immer in die Kirche, wenn sie was Teufels haben."

3.

Der blinde Bischofberger zu T. schlug einem Andern, der ebenfalls nichts sah, zum Zeitvertreib das Würfelspiel vor; dieser aber sagte: Du Narr, wir sehen's ja nicht! Bischofberger erwiederte: Wir wollen einander nur die Zahlen sagen, und es dann glauben. Gut, ich habe zwölfe! Bischofberger: Und ich dreizehne! Der Andere: Aber d'Würfel haben ja nicht so viele Punkte. Antwort: Freilich, wir haben aber abg'redt, es einander z'glauben!

4.

Der nämliche Blinde verkaufte Glarner Zieger. Er kam zu einem Bekannten, und bot ihm an. Diesmal nicht, aber wenn d'wiederkommst, hieß es. Der Blinde begibt sich ein paar Hundert Schritte weit vom Hause weg, kommt dann wieder, und jener hält Wort.

5.

Ein Geistlicher fragte in der Kinderlehre: Was Joseph und Maria mit sich genommen hätten, als sie sich auf die Flucht begaben, um der Verfolgung Herodes zu entgehen? „Ich weiß es nicht, bin nicht bei'm Auspacken gewesen," war die Antwort des Schülers.

6.

Ein Anderer, der lehrte, Jesus habe die Sünden der Menschheit getragen, wurde von einem Knaben befragt: Wohin er sie dann getragen habe?

7.

Ein Appenzeller verheirathete sich unbesonnen, und wurde unglücklich. Als man ihn darüber zu Rede setzte, erwiederte er: „Ich habe dem lieben Gott seinen Weiberhaufen nicht unter einander gerührt, sondern gerade eine obenab genommen."

8.

Ein anderer Ehemann, der auch nicht das beste Weib gehabt hatte, sagte nach ihrem Tode: „Sie hätten dennoch viele Freuden mit einander gehabt. Im Winter z. B., wenn sie gar nicht habe recht thun wollen, habe er sie an eine Säule gebunden und mit Schneeballen geworfen; habe er sie dann getroffen, so habe es ihn gefreut, habe er sie nicht getroffen, habe es sie gefreut."

9.

Hans Jakob Rotach in Schwellbrunn hatte ein ähnliches Kreuz. Sein Weib war eine Person, deren tägliches Wohlleben in Zank und Streit und Keifen bestand. Rotach hatte in seinem ganzen Leben weder lesen noch schreiben, und keine andere, als die Lobwasserschen Reimen und Gassenhauer nachsingen gelernt; allein die Lästersucht seiner Ehehälfte machte ihn zum Dichter. Alle Abende sang er nach dem Abendsegen in Gegenwart derselben:

Ach, lieber Herr, nimms Kreuz von mer,
Du kennst s'Weib wohl, und weißt s'Haus wohl,
Holl's, Holl's, Holl's, Holl's,
In diesem Jahr, oder heut gar,
In Gottesnamen, erhör mich, Amen!

10.

Der Pfarrer Tanner in Fanas, welcher letzten Frühling die Capitelspredigt in Herisau halten mußte, ließ seine Zuhörer so lange auf das Amen warten, daß selbst den Liebhabern langer Predigten endlich die Geduld verging. Als man ihn deshalb nachher von allen Seiten mit Vorwürfen bestürmte, sagte er: „Er habe seinen Herren Amtsbrüdern nur zeigen wollen, wie unangenehm es sei, wenn man einen so lange in die Kirche hineinsperre."

11.

Der Vater des eben Genannten, ebenfalls ein Geistlicher, war in einem in Bündten am höchsten gelegenen Dörfchen angestellt. Er schrieb daher einst an den Vizeantistes Steinmüller in Rheineck: „Der oberste Pfarrer des Kantons Graubünden an den zweitobersten des Kantons St. Gallen."

12.

Eben dieser Pfarrer war ein Meister im Auffinden passender Texte. In Buchs hatte er vom dortigen Schmied, Namens Alexander, vieles ausstehen müssen. Daher sein Abschiedstext: Alexander der Schmied hat mir viel Böses erwiesen." (2 Tim. 4, 14.)

13.

Ein Bauer sagte zu einem Herren, er habe zu Hause einen Kanarienvogel, den er ihm verkaufen möchte. Der Herr kaufte ihm denselben ab. Als aber der Bauer den Vogel brachte, war es ein gemeiner Fink. Das ist ja nur ein Fink, sagte der Herr. Ich habe ihn immer Kanarienvogel geheißen, nennt ihn jetzt, wie ihr wollet, erwiederte der Bauer.

14.

Was hörst du von deinem Sohne in Kriegsdiensten? fragte S. den P. Ach, erwiederte dieser, ich höre, der beste Theil des Regiments, in welchem er sich befand, sei dahin. Nun gut, sagte S. wieder, dann wird ja dein Sohn noch leben.

15.

Ein armer Mann hielt bei einem Bauer um Milch an. Der Bauer verweigerte sie ihm aber, und sagte trotzig: er brauche die vorräthige Milch für seine Schweine.

Kurz darauf war der Bauer im Heuen begriffen, als eben ein Gewitter im Anzuge war. Der arme Mann saß jetzt ruhig auf einem Zaun, und schaute den emsig Arbeitenden zu. „Du fauler Schlingel," schrie nun der Gutsbesitzer den müßigen Zuschauer an, „du siehst, daß wir in der Noth sind und magst uns nicht einmal helfen!" Der absichtlich faule Schlingel aber schrie auf der Stelle zurück: „Hole jetzt auch die Schweine zu Hülfe, die die Milch gefressen haben!"

16.

Zwei Fuhrleute zechten miteinander in einem Wirthshause. Einer von ihnen nahm ein übrig gebliebenes Stück Brod in die Tasche, und sagte: Eher will ich dieß Brod einem Hund geben, als daß ich's dem Wirth zurücklasse. Auf dem Wege fing der Hunger ihn zu plagen an, und er holte das Brod aus der Tasche. Sogleich rief sein Kamerad laut: Seht doch, jetzt frißt der Hund das Brod.

17.

Ein deutscher Arzt war mit ein paar Damen in die Appenzeller Alpen gekommen. Er machte sich an einige Innerrhoder, um sie aufzuziehen. Welcher von euch macht mir das nach? fragte er höhnisch, indem er mehrmals über einen Tisch wegsprang, um dadurch sich vor den Frauenzimmern zu zeigen. Die Appenzeller schienen verlegen, endlich sagte einer, wenn der Tisch dort stände, wo jenes Heu liege, so wollte er den Sprung wagen, damit er sich im Fallen nicht wehe thue. Sogleich wurde der Tisch hingestellt.

„Macht es uns noch einmal vor, Herr!"

Er that's, und stack bis an den Bauch in einer Grube voll Kuhmist, die der Appenzeller unbemerkter Weise mit Heu zugedeckt hatte.

Er fluchte wie ein Heide und begehrte Genugthuung. Da er aber ganz abscheulich aussah, und kein Mensch mehr um ihn bleiben wollte, mußte er zuletzt froh sein, als ihm das Sonntagswamms eines Sennen angeboten wurde. Nachdem der Tisch wieder an seinem vorigen Platze stand, sprangen sie alle darüber hinaus.

18.

Nach einer Landsgemeinde zog ein Appenzeller die Straße nach St. Gallen, wo ihm einige Herren begegneten, deren einer ihm zurief: Ist es wahr, daß sie dich zum Landammann gemacht haben? Antwort: „Man braucht keine Narren, wie ich und du sind."

19.

In den 70r Jahren, als die Mousselinfabrikation noch im Entstehen war, — so erzählte T***** in T*****, — habe man anstatt der jetzigen feiner Blätter die Tennleiter, oder wenn es gut ging, den Hennengatter gebraucht; die Fäden habe man mit dem Zugmesser zugespitzt, und statt der Weberschiffchen, die damals noch unbekannt gewesen seien, sei ein Mann mit dem Faden im Maul hin und her durch's Garn geschloffen.

20.

Der Nämliche wollte den Leuten weiß machen, Anno 1825 habe es im Thurgau so viel Obst gegeben, daß man den Most nur in den Keller schüttete und dann die Kellerthür anzäpfte; auch seien mitunter so große Birnen gewachsen, daß man sie nur wie die Fässer auf's Lager gewälzt und einen Hahn d'rein gesteckt habe; die Stiele aber habe man in die Säge geführt und Bretter daraus gemacht.

21.

Ist das der rechte Weg? fragte ein Reuter. „Nein, ihr seid ganz irre," antwortete der Appenzeller. So muß ich also wieder zurück? „Das nicht, ihr dürft nur das Pferd umdrehen, und dann wieder vorwärts reiten."

22.

Ist es wahr, daß die Appenzeller blind auf die Welt kommen? — „Ja freilich, aber dafür sehen sie auch in meinem Alter so gut, daß sie bei'm ersten Blick einen Narren wie euch von einem klugen Menschen unterscheiden können."

23.

Ein St. Galler spottete einst über die appenzellischen Straßen und sagte: sie sind so schmal, daß kaum eine Kuh durchkommen kann, ohne mit ihren Hörnern sich im Gesträuch zu verwickeln. „Ihr seid doch ungehindert durchgekommen?" erwiederte der Appenzeller. Ja. „Der Herr war also damals noch ein Kalb."

24.

„Aus Zürich seid ihr?" fragte ein Appenzeller einen Reisenden. „Ich habe doch in meinem Leben noch keinen ehrlichen Mann in Zürich gesehen." Wie meint ihr das? erwiederte der Fremde aufgebracht. „Werdet nicht böse", war die Antwort, „ihr selbst müßt mir Recht geben, wenn ich euch sage, daß ich noch nie in Zürich gewesen bin."

25.

Ein Innerrhoder wies einen Flucher zurecht mit den Worten: „Du fluchst doch, daß d'Höll gnappet (wackelt, bebt), mit deinem Sakraments-Fluchen."

26.

Der Bücherkrämer Waldburger von Teufen meinte: Wenn das alte Testament gut gewesen wäre, hätte man kein neues machen müssen.

27.

Ein Appenzeller blieb vor einem großen, steinernen Hause in St. Gallen stehen und schaute hinauf; der Herr desselben, der kurz zuvor fallirt hatte, lag unter dem Fenster und sagte endlich mürrisch: was er denn immer heraufzugaffen habe? Darauf jener erwiederte: „Es wundert mich nur, daß man da unten d'Fenster von so schönen Häusern mit Lumpen b'schoppet (ausfüllt)."

28.

Ein Pfarrer, der von Rüti nach Herisau ging, nannte das einen Ruf Gottes. Ein Zuhörer sagte: Er glaube das nicht, bis einmal der umgekehrte Fall eintrete, da nämlich ein Geistlicher von Herisau nach Rüti ziehe.

29.

Landammann Adrian Wetter hatte auch nicht lauter Freunde gehabt. Als man nach seinem Tod die auf ihn gehaltene Leichenpredigt zum Verkauf herum trug, kaufte sie der berühmte Baumeister Grubermann mit der Bemerkung: „Er hätte sie längst gerne gehabt."

30.

Der nämliche Grubermann sollte einst eine Brücke über einen Fluß bauen. Als er an Ort und Stelle angelangt war, fing eine wohlansehnliche Baudeputation ihre Unterhandlungen damit an, daß sie dem Grubermann allerlei Zeichnungen vorlegte, die er nicht einmal alle verstand; als diese Konferenzen am zweiten oder dritten Tag wieder fortgesetzt werden sollten, war kein Grubermann mehr da, indem er wieder nach Hause gereiset war. Als man an eine obrigkeitliche Person schrieb, was doch mit Grubermann vorgegangen sei, und diese ihn um das Abenteuer befragte, antwortete er: „Was hätt' ich sollen dort thun, die Narren haben immer nur gesagt, wie sie es haben wollen, und nie gefragt, wie ich es machen wolle."

31.

Von einem gewissen, neuerwählten Rathsherrn, der sich anfangs nicht so recht zu benehmen wußte, erzählte ein Spötter: Er habe alle Nacht den Mantel in's Bett angezogen, er habe geglaubt, es müsse so sein.

32.

Ein junger Bursche wurde wegen eines Vergehens in die Trille gestellt. Als er seine Strafe ausgestanden hat und in's Wirthshaus kommt, lachen ihn die Andern aus und rücken von ihm weg. „Ihr habt das nicht nöthig," ruft er, „ich bin reiner als ihr, denn ich bin so eben tüchtig gehaspelt worden."

33.

Bei einem Andern, der die nämliche Strafe ausstehen mußte, brach die Maschine zusammen. Der unerwartet Befreite stand auf und sagte: „Ei, ei, wie händ doch mine Herren e G'schirr!"

34.

Als einst der Pfarrer H. in T. in einer Predigt sagte, daß die Seligen mit weißen Kleidern angethan vor Gottes Thron prangen werden, äusserte Jemand: Dann müsse die Mousseline einmal noch werth (gesucht) werden.

35.

Der General .... traf einen jungen Appenzeller an, der ihm gefiel. He, willst mit in den Krieg? „Nein, ich mag nicht, bleib lieber zu Hause." Du weißt wahrscheinlich nicht, was Krieg ist? „Das weiß ich wohl." Nun so sag mir's, ich geb' dir was. „Gebt her!" Als er die Zahlung erhalten hatte, sagte er es doch nicht, läßt sich noch zweimal Geld geben und schweigt immer fort. Der Alte wird unwillig, schimpft und will ihn schlagen. Augenblicklich schlägt der Bursche ein Gelächter auf und sagt: „Wißt ihr nun, was Krieg ist? Wenn einer mehr nimmt, als ihm zukommt, und der andere darüber böse wird."

36.

„Alter!" sagte ein Appenzeller zu dem Träger eines Reisebündels, „die Last wird euch zu schwer, ich will sie euch abnehmen" — da nehmet sie — „und zu mir nach Hause tragen."

37.

Ein Reisender läßt sich auf den Kamor führen, um bei Sonnenaufgang auf dem Gipfel zu sein. Mein Hund, der auch Kamor heißt, ist größer als der Berg, sagt der Fremde zu dem Appenzeller.

„Jetzt noch nicht, erwiedert dieser, aber er kann es werden bis Morgen früh."

38.

Der Hauptmann einer der kleinsten Gemeinden des Landes wurde von einem andern, der einer größeren, aber ärmern Gemeinde vorstand, mit spöttischem Blick gefragt: Wie viele Seelen habt ihr in eurer Gemeinde? „Nicht so viel, als ihr Bettler!"

39.

Ein Bauer, welcher sich Melkvieh verschaffen wollte, ging auf den Markt, wo er bald eine Kuh fand, die seinen Bedürfnissen zu entsprechen schien, und indem er jetzt dieselbe von allen Seiten betrachtete, fragte er den Verkäufer, einen Appenzeller, ob sie viel Milch gebe? Dieser erwiederte: „wenn du Milch haben willst, so kauf sie." Der Käufer verstand das nicht anders, als die Kuh gebe gar viel Milch, und sei in dieser Hinsicht jeder andern vorzuziehen. Er kaufte sie also. Nach wenigen Tagen aber erschien der Käufer wieder und klagte dem Verkäufer mit heftigen Worten, es sei just das Gegentheil von dem, was er gesagt habe, die Kuh gebe gar keine Milch. Der Verkäufer erwiederte kaltblütig: „Ich habe es dir ja deutlich gesagt, wenn du Milch haben wolltest, müssest du sie kaufen."

40.

Ein Anderer verkaufte ein Pferd, und als der Käufer ihn fragte, ob es auch ohne Mängel sey? antwortete jener: Da schau du s'Roß an, es schaut dich nicht an. Nun wurden sie des Handels einig. Bald aber kam der Käufer wieder und klagte, das Roß sei blind. Worauf der Erstere: „Ha! sagte ich es denn dir nicht voraus, das Roß schaue dich nicht an, du müssest es anschauen!" Nun bleibt es bei'm Wort.

41.

Ich glaube, s'Roß ist g'scheider als du! sagte ein Bürger aus *** zu einem andern aus ***, als dieser mit seinem Fuhrwerk lange nicht zu Gang kommen konnte. „Ja wohl, erwiederte dieser, so g'scheid, daß wenn's bei euch stände, es längst schon in den Rath erwählt worden wäre.

42.

Als einer so eben eine entehrende Strafe ausgestanden hatte, bemerkte er: er habe es jetzt wie ein ..... (er nannte eine kleine, verachtete Gemeinde), er gebe auch kein Amtsherr mehr.

43.

Zu einem Ehemann, der ein krankes Weib hatte, mit der er nicht im besten Vernehmen stand, sagte Jemand: Es wäre doch gut, wenn sie der liebe Gott holen würde; worauf jener wieder sagte: Er würde ihm gerne die Mühe ersparen, sie zu holen, wenn er nur wüßte, wohin er sie ihm bringen dürfte.

44.

Da man kurz nach der Siebenzehnertheurung einem Innerrhoder das Bodenumbrechen beliebt machen wollte, um selber etwas pflanzen zu können, und so vor ähnlichem Elend sich künftig sicher zu stellen, meinte er: „was doch der Boden auf der letzen (umgekehrten) Seite geben wollte, da er ja den rechten Weg nichts bringe."

45.

Als die anhaltend regnerische Witterung im Sommer 1823 das Einsammeln des Heues fast unmöglich machte, wurde der Wunsch, daß das Heuen auch an den Sonntagen gestattet werden möchte, ziemlich allgemein, daher viel darüber gesprochen und unter anderm auch bemerkt wurde, daß das Einsammeln, Trotten und Führen des Weins auch an Sonntagen Statt finde, somit sollte man das Heu, das ein eben so nothwendiges Bedürfniß sei als der Wein, auch rathsamen dürfen. Hierauf antwortete ein Appenzeller: Lieben Leute, wenn die, welche über dergleichen Gegenstände abzusprechen haben, auch Heu und Emd essen würden, wie Wein trinken, so wäre das Eine wie das Andere in gleichen Rechten.

46

Ein vorzüglich geschickter Beamteter bekam eine Geschwulst an der Seite des Kopfes; dies veranlaßte Jemanden zu der Bemerkung: Der Mann habe für seinen Verstand nicht mehr Platz genug im Kopfe gehabt, er habe deswegen noch einen Anstoß (Nebengebäude) bauen müssen.

47.

Ein Innerrhoder kam nach St. Gallen und beschaute den großen Brunnen; ein Bürger von da fragte ihn: ob er wisse, daß man da Stockfische verwahre? Der Innerrhoder guckte ins Wasser und sagte: Ja, ich sehe einen — mit einer sammtnen Kappe.

48.

Ein Appenzeller und ein Glarner rückten sich gegenseitig Schwachheiten ihrer Kantone vor. Der erstere, dem es zu toll wurde, ließ endlich den andern ruhig fort reden, bis er von selbst aufhörte, und erwiederte dann blos: Sagt von mir, was ihr wollt, nur sagt nicht, daß ich ein Glarner sei.

49.

Der Dekan Tobler verhörte seine Unterweisungsschüler über ihre Aufgaben. Einer derselben, Baschon genannt, schlummerte, als die Reihe an ihn kam. „Schläfst, Baschon?" donnerte der Seelsorger ihn an. Nein, erwiederte erschrocken der Bursche. „Was hab' ich dann zuletzt gesagt?" „Schläfst, Baschon!"

50.

Ein Kapuziner sah einen Knaben im Bache fischen und sagte zu ihm: das thät er zeitlebens nicht mehr; er habe einst auch unter einen Stein gegriffen, und anstatt eines Fisches eine Menschenhand hervogezogen. Der Knabe erwiederte: das muß doch ein rechter Spitzbub gewesen sein, der die Hand hinunter gethan hat.

51.

Ein Knabe arbeitete rüstig auf dem Felde, als zwei Kapuziner des Weges kommen und sich mit ihm in ein Gespräch einlassen. Der Knabe fragte: ob sie nicht auch arbeiten müssen? — Ja, aber nur mit dem Kopfe, war die Antwort. Aha, so wie meines Vaters Ochsen, erwiederte der Knabe.

52

Eine Heimath bekam einen andern Besitzer. Der vorige hatte dem Pfarrer zu bestimmten Zeiten frische Butter zum Geschenk gemacht. Der neue Besitzer unterließ dies, und als einst der Pfarrer ihn auf die guten Spenden seines Vorgängers aufmerksam machte, erhielt er von ihm zur Antwort: er wolle im Schickbrief nachsehen, ob etwas dergleichen auf der Heimath hafte.

53.

Im Speicher konnte man sich über den Bau einer neuen Kirche nicht recht verstehen; die Sache stund etwa 2 bis 3 Jahre an. Einmal sagte man zu einem gewissen Schläpfer in der Schwendi: man könnte die alte Kirche in die Schwendi hinunter versetzen. Dessen bin ich gar wohl zufrieden, erwie=

derte er, wir haben dann in der Schwendi die triumphirende, und ihr im Dorf die streitende Kirche.

54.
Einer hatte einen Rechtshandel. Er begab sich desnahen zu allen Herren, um ihren Beistand zu bitten. Alle versprachen ihm zu helfen. Dennoch verlor er vor Rath. Nun blieb er nach angehörtem Urtheil noch stehen, immer auf die Wände der Rathstube hinsehend. Der Landamman fragte: was er an diesen Wänden zu betrachten habe? Es geschehe darum, erwiederte jener, die Herren hätten ihm alle versprochen, zu helfen, nun habe er aber den Prozeß verloren; den Herren könne er keine Schuld geben, es müsse eben an den Wänden fehlen.

55.
Ein schlechter, aber großsprecherischer Schreiner in St. prahlte, er habe ein Tischchen verfertigt für den östreichischen Kaiser, welches so nett gearbeitet, und so fein polirt sei, daß Fliegen, die sich darauf setzen wollten, ausglitschten und das Rückengelenk brachen.

56.
Ein Appenzeller wurde in Rheineck an den Pranger gestellt. An der Brust war ein Zeddel angeheftet, auf welchem sein Verbrechen geschrieben stand. Unter vielen Zuschauern drängte sich auch ein Weib hinzu, ihn und seine Schrift anstarrend. Kannst du lesen? fragte er sie in rauhem Tone. Sie verneinte das. Nun, so packe dich, damit die Leute, die lesen können, Platz bekommen.

57.
Dessen Weib war in Trogen getrillt worden. Daher er sich dann rühmte, es habe Keiner ein bräveres Weib als er; sie sei ihm von seinen hochgeachteten, hochgeehrten Herren gehaspelt worden, und kein Umgang habe gefehlt.

58.
Da, wo die Welt am Ende sei, pflegte Mstr. Graf in Teufen zu sagen, stehe eine Mauer, und hinter derselben liegen ausgebrauchte Sonnen, Monde und Sternen.

59.

Unter der Abt St. Gallischen Regierung wurde in den letzten Jahren ihrer Existenz ein Uebelthäter hingerichtet. Auf einer Karre wurde er zur Richtstätte geführt. Neben ihm saß der Priester, der ihn auströsten mußte. Ein Herisauer lief auch hintenher, und fragte einigemal, immer rechts und links schauend, mit anscheinender Einfalt: Welcher ist's? Welcher ist's? Man wollte ihm aber das mit den Fäusten erklären.

60.

Unter der nämlichen Regierung wurden an Feiertagen Wachen ausgestellt, damit kein Reformirter fahre, oder auch nur eine noch so kleine Bürde Waare, Lebensmittel 2c. kurz nicht mehr, als was man in jeder Tasche verbergen kann, trage. Ein Teufer, der nach St. Gallen ging, fragte den Wächter bei St. Georgen, was er da thue, und warum er Wache stehe? „Damit keine Schelme herab kommen!" war die Antwort. Der Teufer aber entgegnete: Ach, duldet einander! duldet einander!

61.

Obiger Mstr. Graf von T. sollte einst im Toggenburgischen zur katholischen Religion bekehrt werden. Er aber äusserte über einen solchen Schritt Bedenklichkeiten und Sorge für seine Seligkeit. Hiefür stehe der Pfarrer gut, der sei Bürge für ihn, hieß es. Aber — erwiederte der Graf — wenn der Teufel den Bürgen holt, wie geht's dann mir?

62.

J. T. in T. pflegte von einem Andern zu erzählen: er habe eine so starke Stimme gehabt, daß, als er einst bei einem fröhlichen Anlaß nach Herzenslust gesungen habe, die Fensterscheiben zersprungen seien.

63.

Ein Innerrhoder wurde einst angeklagt, er habe gesagt: Er traue dem lieben Gott nicht, frage der Obrigkeit nicht nach und habe eine Kuh im Stall, die gescheiter sei, als der Pfarrer.

Hierauf verantwortete er sich so:

An einem schönen, heitern Tag, da kein Wölklein am Himmel gewesen, sei er über den Kamor gegangen, bald aber von einem scheuslichen Hagelwetter überfallen und bis in den Freienbach hinunter gewaschen, so daß er am ganzen Leib naß geworden sei, und deßhalb sich vorgenommen habe, sein Lebtag, auch bei'm schönsten Wetter, nicht mehr ohne den Pelz auszugehen; darum traue er dem lieben Gott nicht.

Der Obrigkeit aber frage er nicht nach, denn sie habe einen Zeddel auf seinem Gut und frage alle Tage ihm und seinem Zins nach, daher müsse er ihr nicht nachfragen.

Endlich habe sich der Pfaffe, als er einen Kranken mit den h. Sterbesakramenten versehen mußte, bei diesem Anlasse so betrunken, daß er sich erbrechen und zwei Männer ihn heimführen mußten. Das thue seine Kuh nicht, die trinke nicht zu viel, und wenn er ihr rufe, so komme sie zum Stall, ohne daß Jemand sie führen müsse.

64.

N. N. erzählte einst: Er habe nie nothlicher (eiliger) gehabt, als in der Hochzeitwoche. Am Sonntag die Verkündung und Brautspine, am Montag den Brautwagen gebracht, am Dinstag Hochzeit, am Mittwoch taufen, am Donnerstag beerdigen, am Freitag die Kleider ausbürsten, am Samstag mit den Gaissen in d' Stadt.

65.

Der bekannte Vikar Zuberbühler wurde einst gefragt, wie sich seine Frau, mit der er nicht im besten Einverständniß lebte, befinde? „Viel liegend, aber wenig dürr'," war die Antwort.

66.

Als eine gewisse Bab wegen eines zweiten oder dritten unehelichen Kindes von den Ehegäumern ihrer Gemeinde zu Rede gestellt und etwas hart angefahren wurde, unterbrach sie die Herren mit diesen Worten: „Potz Saperment, ihr müßt lange nicht so thun; wenn das H.... so laut tönen würde, wie das Sägenfeilen, so würde man im Dorf sein eigen Wort nicht mehr hören.

67.

Auf Gais sollte ein Junge dem Pfarrer den Spruch hersagen: So wenig ein Mohr seine Haut ändert, und ein Parder seine Flecken 2c., welches er auf folgende Weise that: So wenig ein Mohr seine Haut ändert und ein **Pfarrer** seine Flecken 2c.

68.

Einer, der wegen Injurien bestraft worden war, äußerte auf der Rathhauslaube: Er wolle es sein

Lebtag nicht mehr sagen, aber dennoch sei er froh, daß er es gesagt habe.

69.

Als im Winter 1816—17 eines Tags viel Bettler aus Innerrhoden nach Herisau kamen, fragte Jemand einen solchen, ob der Landamman auch noch komme? Nein, war die Antwort, nein, er kann nicht kommen, er hat eurem Landamman die Schuhe leihen müssen!

70.

Obiger Vikar Zuberbühler hatte einst mit seinen gewöhnlichen Gesellschaftern flott gelebt und mußte am folgenden Tag predigen. Die Predigt war vortrefflich, so daß, als er einen seiner Trinkgenossen fragte, wie sie ihm gefallen habe, dieser erklärte: „er hätte nicht geglaubt, daß durch einen faulen Teuchel so lauteres Wasser rinnen konnte."

71

Frau Dekan Tobler in Teufen pflegte die geistl. Macht mit einem Gaisschwänzlein zu vergleichen, welches breit anfange, aber geschwind ende.

72.

Ein Urnäscher sagte von einem Beamten, den er als einen sehr eingezogenen Mann schildern wollte: Er ist wie eine gute Mauskatze, immer daheim, so oft man ihn nöthig hat.

73.

Einer, der in Trogen getrillt worden war, sagte zum Landshauptmann Fäßler, der ihn fragte, wie's gegangen sei: „Mußt gab niederhocka, denn thut's der kä Spisli." (Man muß sich nur niedersetzen, dann thut es einem nichts.)

74.

Woher mag es doch kommen, fragte Jemand, daß die Welt von Jahr zu Jahr schlimmer wird?

Woher? das ist leicht zu errathen, erwiederte ein Anderer: es ergibt sich ja ganz deutlich aus den Leichenpersonalien, daß immer nur die Besten wegsterben, und die Schlechten übrig bleiben.

75.

Ein Appenzeller, der in französischen Diensten in den russischen Krieg gezogen war, schrieb im Oktober 1812 nach Hause: Seinem und seiner Kriegsgefährten Zustand finde man am treffendsten geschildert in der 1. Epistel an die Korinther im 4. Kap., im 11., 12. und 13. Vers.

11. Bis auf diese Stunde leiden wir Hunger und Durst und sind nackend und werden geschlagen, und haben keine gewisse Stätte.

12. Und arbeiten und wirken mit unsern eigenen Händen. Man schilt uns, so segnen wir; man verfolgt uns, so dulden wir's; man lästert uns, so flehen wir.

13. Wir sind stets als ein Fluch der Welt, und ein Fegopfer aller Leute.

76.

Ein Taugenichts, der gewohnt war, so oft ihm etwas gebrach, den Armenpfleger zu bestürmen, wurde von diesem einmal hart angefahren. Weißt du denn nicht, sagte er zu ihm, daß in der heil. Schrift steht, im Schweiß deines Angesichts sollst du dein Brod essen? „Allerdings, antwortete der Bettler, kenne ich den Spruch, und würde ihn gern befolgen, aber Ihr habt mir noch nie so viel gegeben, daß ich hätte schwitzen können, wenn ich es gegessen habe."

77.

Einst predigte der Geistliche, der bei der alljährlichen Feier des heil. Jakobs in der Kapelle auf dem Kronberg die Funktion hatte: der liebe Gott habe den Menschen aus einem Stück Lehm geformt und ihn dann an einen Hag gelehnt, zum Trockenwerden. Ein zweifelsüchtiger Bauer aber fragte: wer denn zur selbigen Zeit schon gehaget habe?

78.

Ein Appenzeller war am Schellenwerk zu B... und fand Mittel zu entweichen. Auf die Frage: warum er davon gegangen? antwortete er: „Weil keine Ordnung da gewesen sei."

79.

Am Vorabend des Christtags 1817 stellte ein Weib ihrem Mann wie an einem gewöhnlichen Tag nur ein Habermuß vor. Der Mann, sehr aufgebracht darüber, stieß die Schüssel weg und sagte: „das ist kein heiliger Abend, Hung (Honig) und Küchli wolle er haben; was die Alten errungen und erworben, lasse er nicht abgehen."

80.

Einem Mann auf Gais sollte vor vielen Jahren eine sogenannte Stühlepredigt gehalten werden. Er blieb aber längere Zeit von der Kirche aus. Endlich einmal sah ihn der Pfarrer auf der Emporkirche, und schnell benutzte er diesen Anlaß, dem Sünder den Text zu lesen. Dieser, des Dings überdrüssig, zog nach einer Weile den Hut ab, schwenkte ihn hin und her und sprach: „Herr Pfarrer, predigt ihr andern auch und nicht nur mir; Ihr habt ja das Pfrundgeld auch nicht von mir allein!" Darüber entstand ein allgemeines Gelächter, so daß der Pfarrer aufhören mußte.

81.

Bei der Reservemusterung in Schönengrund im Jahre 1809, war aus dieser kleinen Gemeinde so wenig Mannschaft, daß sie in ein einfaches Glied aufgestellt wurde. Ein benachbarter U...r neckte daher einen Ratsherrn von da, der sich durch passende Erwiederungen auszeichnete. „Bis nöd so müd," antwortete jener, „mer händ ke wüst, daß mer münd hendere stelle!" (Sei nur ruhig, wir haben keine häßliche, daß wir sie hinter die andern stellen müßten.)

82.

Als in den 90r Jahren der Gassenbettel verboten, und die Zurückweisung der Armen in ihre Gemeinden befohlen wurde, wollte ein gewisser F. von W. sich durch diese obrigkeitlichen Verordnungen nicht abhalten lassen, auf gewohnte Weise das Land durchzubetteln. In L. erinnerte ihn eine Frau an das ergangene Verbot und sagte ihm, er solle in seiner eigenen Gemeinde sich nach Allmosen umsehen. „Ach, min Gott, Dscheli," antwortete er, „wenn i en ägni Gmänd hett, so ging i nüd gi bettle." (Ach mein Gott, Ursulchen, wenn ich eine eigene Gemeinde hätte, würde ich nicht betteln gehen.)

83.

Der durch seine witzigen Einfälle bekannte Hptm. K. von U. wurde abgesetzt. Als ihm Freitags darauf einer seiner nicht sehr ehrenfesten Gegner auf dem Markte zu Herisau begegnete, sagte ihm dieser: Ihr hättet jetzt Zeit zu einer guten Stelle, die ich euch zu verschaffen wüßte; der Scharfrichter in ... braucht nämlich einen Knecht. „Wenn du mir diese Stelle verschaffen kannst," antwortete K., „so will ich dir den Kopf unentgeldlich abhauen."

84.

Einen Leichtsinnigen auf Gais fragte Jemand: Ist's wahr, daß du abgefallen bist? „Das kann nicht sein," erwiederte er, „ich bin noch auf nichts gewesen."

85.

Ein Appenzeller, der mit chronischem Kopfweh behaftet war, ließ sich in einer Stadt von einem Pfarrer magnetisiren. Geduldig saß er eine gute Zeit da und fing endlich aus langer Weile an zu gähnen. Der Heilkünstler vermuthete, der magnetische Schlaf rücke nun an, und fragte: Ist's euch schläferig? „Schläferig nicht, aber lächerig," entgegnete der Appenzeller.

86.

Ein Vater schickte seinen einfältigen Sohn alle Jahre einmal zur Kirche. Dies geschah immer zur Passionszeit. Als ihn der Vater das erste Mal fragte, was gepredigt worden sei, gab er zur Antwort: man habe von einem rauhen Handel, von Schlagen, Stossen u. s. w. geredet. Das folgende Jahr antwortete er auf die gleiche Frage: „o Vater, derselbe Handel, von dem's vor einem Jahr geredet haben, ist noch lange nicht ausgemacht, und hat sich viel gebösert; man fängt nun sogar an vom Tödten zu reden."

87.

Als im Jahre 1801 ein Detaschement der Waadtländer Legion in eine von der Landstraße abgelegene Gemeinde unsers Kantons verlegt wurde, erblickte der Chef desselben noch einen öffentlich ausgestellten Schild mit dem Bären und den Buchstaben V. R. Unwillig hier noch ein Zeichen der längst abgeschafften Regierungsform zu finden, ertheilte er den Befehl zu dessen schneller Zerstörung. Schon wurden eine Leiter und andere nöthige Werkzeuge herbeigeholt, als der Meßmer des Orts zum Offizier hintrat und den Zorn desselben durch freundliche Unterhaltung abzuspannen suchte, indem er ihm die Geschichte jenes Wappens erzählte. Allerdings, bemerkte der Meßmer, sei der Bär das Symbol der alten appenzellischen Verfassung und das Volk liebe aus vieljähriger Gewohnheit seinen Anblick; nun aber habe man theils deswegen, theils auch aus Achtung für das jetzt bestehende Einheitssystem, schon bei'm Anfang der Staatsumänderung, die Buchstaben V. R., d. h. Vive la République, auf beiden Seiten des Bären hinzugesetzt, und somit die Treue gegen jede von Gott eingesetzte obrigkeitliche Gewalt sichtbar ausgedrückt. Bei dieser ganz ungezwungenen Erklärung erheiterte sich das Gesicht des Offiziers; er nahm den erlassenen Zerstörungsbefehl zurück und lobte den Bürgersinn der Einwohner seines Quartierortes.

Obschon er dann noch am gleichen Abend über die wahre Bedeutung jener Worte verständigt wurde, ließ er sie dennoch um ihrer passenden Doppelsinnigkeit und des guten Einfalls willen unversehrt und wurde Tags darauf weiter detaschirt.

88.

Ein Pfarrer mußte einen Kranken besuchen, und kannte den Weg nicht recht. Ein Bursche führte ihn zu der Hütte. Dieser, als der Pfarrer dankend ihm die Anerbietung machte, er wolle ihm nun dafür den Weg in den Himmel zeigen, sagte: „Ach, mein guter Herr! wie wollet ihr den Weg in den Himmel wissen, da ihr ihn ja nicht einmal durch unsere Gemeinde kennet?"

89.

Man sollte die Kinder nicht so früh mit dem Katechismus plagen, meinte Jemand, sondern warten, bis sie eigenen Verstand besitzen. Alsdann würden sie ihn gar nicht mehr lernen wollen, erwiederte ein Anderer.

90.

Bei einem Buben erkundigte man sich nach einem gewissen Herren, der reich und angesehen, ohne bestimmten Beruf, blos aus den Zinsen lebte, fragend: wer und was er sei? „Nütz ist 'r, ein Herr ist 'r," war die Antwort.

91.

Die Gemeinde Schwellbrunn erwählte sich im Jahr 1733 an dem Kandidat Joh. Scheuß von Herisau einen Seelsorger, von dem man mit Recht sagen konnte: Wenn er auf der Kanzel ist, so sollte man ihn nicht mehr herab-, und wenn er drunten ist, nicht mehr hinauf lassen; denn so ein vortrefflicher Prediger er war, so ausgezeichnet unmoralisch zeigte er sich im häuslichen und öffentlichen Leben. Spielsucht, Trunkenheit, Ehezwist waren Züge seines Charakters, die er gar nicht geheim hielt.

Als er einsmal von seiner Spielgesellschaft weg auf die Kanzel gehen mußte, schob einer seiner Spielgenossen ein ganzes Spiel Karten in den weiten Pfarr=Rock=Ermel, und war nun sehr begierig, wie der Pfarrer sich beim Sichtbarwerden derselben in der Kirche benehmen würde. Nach Verlesung des Kirchengebetes und des Textes fing der Pfarrer wie gewöhnlich an zu predigen, und kaum hatte er angefangen, als, durch die Bewegung der Arme veranlaßt, die Kartenblätter herausfielen und in der ganzen Kirche herumflogen. Nun allgemeines Gelächter unter den Zuhörern. Jedoch der Pfarrer wußte schnell Rath. Er änderte seinen Vortrag, predigte mit Salbung und Feuer über das Uebel und die Verderblichkeit des Spiels, warnte Jedermann vor demselben als einer Wurzel alles Bösen, und erklärte geradezu, daß er die Karten vorsätzlich mit sich genommen habe, um die in der Kirche vorfindlichen, ihm wohlbekannnten Spieler schamroth und das Aergerniß des Spiels überhaupt recht anschaulich zu machen.

92.

Ein Innerrhoder Geistlicher stand im Rufe der Irrgläubigkeit. Als einst der Bischof ins Land kommt, wird ihm diese Sage gleich in die Ohren gezischelt. Er nähert sich der verdächtigen Gemeinde, und um gleich vorläufig sich vom Grund oder Ungrund des Gerüchts zu überzeugen, fängt er einen großen Jungen, den er ausserhalb der Gemeinde antrifft, zu examiniren an. „Kannst du mir nicht sagen, wie viel Personen in der Gottheit sind?" Der Junge verzieht spöttisch das Gesicht und antwortet bloß: He? Meinst? Der Bischof fragt mit Autorität zum zweitenmal, und wird wieder bloß ausgelacht. Voll Entrüstung kommt er ins Pfarrhaus, und überschüttet den armen Pfarrer mit Vorwürfen wegen seines schlechten und verkehrten Jugendunterrichts. Der Pfarrer will sich entschuldigen. Ei, fällt ihm der Bischof ins Wort, gleich vor dem Dorfe habe ich einen großen Jungen getroffen, der nicht einmal wußte, wie viel Personen in der Gottheit sind. Das ist nicht möglich, versetzte der Pfarrer. Der Junge wird endlich selbst herbeigeholt. Nun, Toni, spricht zu ihm sein Seelsorger, konntest du wirklich dem Herrn hier nicht sagen, wie viel Personen in der Gottheit sind? Warum nicht! ist des Jungen Antwort, Ihr habt uns dies ja gleich in der letzten Christenlehre erklärt, aber zugleich gesagt, es sei dies das größte Geheimniß; meint Ihr denn, man werde so etwas jedem Narren auf der Straße sagen?

Verzeichnis der Autoren, Texte und Quellen

Affsprung, Johann Michael. *[Der Witz als politische Waffe.] [Wunsch an die Appenzeller.] [H. U. Grubenmann als «witziger» Appenzeller.]* «Reise durch einige Cantone der Eidgenossenschaft». Leipzig 1784. Seite 133 ff.; 136 f.;141 f.

Anonymus. *[«Boxen» des Witzes als nacharkadisches Hirtenspiel.]* «Fragment einer Reise durch St.Gallen und Appenzell». Zürich 1788. Seite 72 ff.

Anonymus aus «Die neuesten Briefe aus der Schweiz in das väterliche Haus nach Ludwigsburg». München 1807. Seite 363 f.

Anonymus aus «L'Hermite en Suisse ou observations sur les mœurs et usages suisses au commencement du XIXe siècle». Paris 1822. Seite 224 f.

Bischoffberger, B. *[Von guten Ingeniis, wiewol sie sich alber stellen.]* «Appenzeller Chronic ...», St.Gallen 1682. Seite 36 f.

Bodmer, J.J. *[Nachrichten von den Appenzellern. Philokles – ein Appenzeller von Esprit.]* «Ode an Philokles». Zürich 1747.
[«Freymüthigkeit im Reden» und «Rechte der Freyheit».] «Edward Grandisons Geschichte in Görlitz». Bremen 1755. Seite 120 f.

Carbonières, Ramond de. Aus «Anmerkungen und Zusätze des Herrn Ramond, französischen Übersetzers von Coxe's Reise durch die Schweitz». Zürich 1783. Seite 61 f.

Carbonières, Ramond de, und Coxe, William. *[Fälschliche Gleichsetzung von «Philokles» mit Land und Leuten Appenzells.]* «Lettres de M. William Coxe à M. W. Melmoth sur l'Etat politique, civil et naturel de la Suisse; traduites de l'anglais, et augmentées des observations faites dans le même pays, par le traducteur». Paris 1781. Seite 42 f.

Coxe, William. Aus «Sketches of the natural, Civil, and Political State of Swisserland». London 1799. Seite 43 f. «Briefe über den natürlichen, bürgerlichen und politischen Zustand der Schweitz.» Zürich 1781. Seite 29 ff. «Essay sur l'Etat présent, naturel, civil et politique de la Suisse». Londres et Lausanne 1781. Seite 32 f.

Ebel, J.G. *[Witz und Fröhlichkeit im Spätlicht Arkadiens und Tahitis.]* «Schilderung der Gebirgsvölker der Schweitz». Leipzig 1798. Seite 382 ff.

Faesi, J.C. *[Der witzige Appenzeller im Kreise der Miteidgenossen.]* «Genaue und vollständige Staats- und Erdbeschreibung der ganzen Helvetischen Eidgenossenschaft». Zürich 1766. Seite 74 ff.

Grob, J. Vorrede «An den gunstmüthigen Leser». «Dichterische Versuchsgabe. – Bestehend / In Teutschen und Lateinischen Aufschriften, / Wie auch etlichen / Stimmgedichten oder Liederen». Basel 1678.
[Über das Trinken.] [Von den Frauen.] [Von den Männern.] [Barocke Ständesatire.] [Tugend und Untugend.] [Lob der Grobheit.] «Dichterische Versuchsgabe». «Reinholds von Freienthal / Poetisches / Spazierwäldlein, / Bestehend in vielerhand / Ehren-, Lehr-, Scherz- und Strafgedichten. / Gedruckt im Jahre 1700».

Hegner, U. *[Der Abgesang des Zürcherischen Appenzell-Lobs.]* «Die Molkenkur». Zürich 1812. Seite 141 ff.

Hirzel, J.C. *[«Natürlicher Witz» und «Vergnügtsein».]* «Denkmal Herrn Doctor Laurenz Zellweger aus Trogen ...». Zürich 1765. Seite 63 ff.

Kirchhofer, M. Aus «Wahrheit und Dichtung». Sammlung schweizerischer Sprichwörter. Zürich 1824. Seite 51 f.

Meiners, C. Aus «Briefe über die Schweiz». Berlin 1790. Seite 145 ff.

Merz, J. *[Der Witz im Zeichen J.P. Hebels.] [Der Mann der alles kann.] [Die schlimmen Strassen.] [Die Burg Rachenstein.]* «Der poetische Appenzeller, in seiner Landessprache». Herisau 1827. Seite 13 f.; 24; 39 ff.

Nicolai, F. *[Der Witz als Attribut des aufgeklärten Bürgers.]* «Beschreibung einer Reise durch Deutschland und die Schweiz im Jahre 1781». Berlin und Stettin 1786. Seite 37 f.

NORRMANN, G. PH. H. Aus «Geographisches und historisches Handbuch der Länder-, Völker- und Staatenkunde». Zweyter Theil. Hamburg 1796. Seite 1850 f.

RAOUL-ROCHETTE, D. Aus «Lettres sur la Suisse». Paris 1822. Seite 181 f.

RÜSCH, G. Aus «Der Kanton Appenzell, historisch, geographisch, statistisch geschildert». St.Gallen und Bern 1835. Seite 123.

SCHEFFEL, J. V. v. *[Zwischen Älpler- und Klosterwelt.]* «Ekkehard. Eine Geschichte aus dem 10. Jahrhundert». Fünfzigste vom Verfasser durchgesehene Auflage. Stuttgart 1879. Seite 382 ff.

TOBLER, A. *[Tobler als Sammler und Historiker.]* «Der Appenzeller Witz. Eine historische Studie aus dem Volksleben». Heiden 1905. Seite 3 f.; 10 ff.

WALSER, G. *[Die Appenzeller brauchen eine gantz eigene Maxime.]* «Neüe Appenzeller Chronick ...». St.Gallen 1740. Seite 37.

WALSH, COMTE DE. Aus «Notes sur la Suisse et une Partie de l'Italie». Paris 1823. Seite 277.

WARTMANN, B. *[Der Witz im Lichte Albrecht von Hallers.]* «Bemerkungen von dem Wildkirchlein oder St.Michaels-Kapell und Eben-Alp in dem Canton Appenzell». Zürich 1786. Seite 74 f.

WASER, J. H. Aus «Eines Schweizers Beschreibung der Appenzeller». Zit. nach: Lange, M. Sam. Gotthold: Sammlung gelehrter und freundschaftlicher Briefe. 2 Theile. Halle 1770. Seite 90 ff.

WATT (VADIANUS), J. v. [«Abt Ulrich und die Appenzeller».] Zit. nach: Eugster, H., in: Jahrbuch für Schweizerische Geschichte XXIII (1898). Seite 103.

ZELLWEGER, J. K. *[Festschreibung des Witzes im Buche vaterländischer Geschichte.]* «Der Kanton Appenzell». Trogen 1867. Seite 73 f.; 75 f.

ZSCHOKKE, H. Aus «Die klassischen Stellen der Schweiz». Karlsruhe und Leipzig 1842. Seite 167 f.

ANMERKUNGEN
(siehe dazu das Verzeichnis der Autoren, Texte und Quellen!)

[1] BLAICHER, GÜNTHER: Zur Entstehung und Verbreitung. Seite 5 ff.

[2] ELLIOT, JAMES (Hrsg.): Stereotyp und Vorurteil.

[3] BÖSCHENSTEIN-SCHÄFER, R.: Idylle.

[4] FAESSLER, PETER: Bodensee und Alpen.

[5] FAESSLER, PETER: Die Zürcher in Arkadien.

[6] FAESSLER, PETER: Idylle und Erhabenheit.

[7] LANG, C.: Johannes Grob.

[8] RÖHRICH, LUTZ: Der Witz. Seite 249 f.

[9] FAESSLER, PETER: Die Zürcher in Arkadien.

[10] FAESSLER, PETER: Die Zürcher in Arkadien.

[11] CURTIUS, ERNST ROBERT: Europäische Literatur.

[12] IM HOF, ULRICH: Ancien Régime. Seite 749 f.

[13] FAESSLER, PETER: Der Bodensee im literarischen Landschaftsbild.

[14] FAESSLER, PETER (Hrsg.): Die Molkenkur.

[15] FAESSLER, PETER: J. W. v. Goethes «Jery und Bätely».

[16] EBEL, J. G.: Anleitung. Seite 86 f.

[17] RÖHRICH, LUTZ: Der Witz. Seite 263 f.

[18] HESSE, HERMANN: Bodensee. Seite 186 f.

[19] ELLIOT, JAMES (Hrsg.): Stereotyp und Vorurteil.

LITERATURHINWEISE

BENDER, WOLFGANG: Johann Jakob Bodmer und Johann Jakob Breitinger. Stuttgart: J.B. Metzlersche Verlagsbuchhandlung, 1973. (Sammlung Metzler. Bd. 113.)

BIRCHER, MARTIN/WEBER, BRUNO: Salomon Gessner. Zürich: Verlag Orell Füssli, 1982.

BLAICHER, GÜNTHER: Zur Entstehung und Verbreitung nationaler Stereotypen in und über England, in: Deutsche Vierteljahrs-Schrift (1977). Seite 5 ff.

BÖSCHENSTEIN-SCHÄFER, RENATE: Idylle. Stuttgart: J.B. Metzlersche Verlagsbuchhandlung, ²1977. (Sammlung Metzler. Bd. 63.)

CURTIUS, ERNST ROBERT: Europäische Literatur und lateinisches Mittelalter. Bern: Francke Verlag, ²1954.

EBEL, DR. J.G.: Anleitung auf die nützlichste und genussvollste Art die Schweiz zu bereisen. Im Auszuge ganz neu bearbeitet von G. v. Escher. Zürich, 1940.

ELLIOT, JAMES / PELZER, JÜRGEN / POORE, CAROL (Hrsg.): Stereotyp und Vorurteil in der Literatur. Göttingen: Beiheft 9 der Zeitschrift für Literaturwissenschaft und Linguistik.

FAESSLER, PETER: Geselligkeit am See, in: Hindelang, Eduard (Hrsg.): Geselligkeit am See. Helmut Maurer gewidmet vom Vorstand des Vereins für Geschichte des Bodensees und seiner Umgebung 1979. Seite 3 ff.

FAESSLER, PETER: Die Zürcher in Arkadien. Der Kreis um J.J. Bodmer und der Appenzeller Laurenz Zellweger, in: Appenzellische Jahrbücher 1979 (107. Heft). Seiten 3–49.

FAESSLER, PETER: Die Zürcher in Arkadien. Der Kreis um J.J. Bodmer und der Appenzeller Laurenz Zellweger, in: Neue Zürcher Zeitung. Nr. 175. 31. Juli 1981. Beilage «Literatur und Kunst». Seiten 59–60.

FAESSLER, PETER: J.W. v. Goethes «Jery und Bätely» in der Verwendung durch E. Scribe, A. Adam und G. Donizetti. Schweiz-Idyllik und Oper im Zeichen Appenzells, in: Appenzellische Jahrbücher 1980 (108. Heft). Seiten 20–36.

FAESSLER, PETER: J.W. v. Goethes «Jery und Bätely» in der Verwendung durch E. Scribe, A. Adam und G. Donizetti, in: Neue Zürcher Zeitung. Nr. 199. 29./30. August 1981. Beilage «Literatur und Kunst». Seite 68.

FAESSLER, PETER: Der Alpstein als literarisches Motiv, in: Maeder, Herbert: Das Land Appenzell. Olten und Freiburg (Breisgau) 1977.

FAESSLER, PETER: Bodensee und Appenzellerland bei Hermann Hesse, in: Appenzeller Volksfreund. 12. September 1981. Seite 3.

FAESSLER, PETER: Idylle und Erhabenheit. Bodensee und Alpen bei J.G. Ebel, in: Rorschacher Neujahrsblatt 1981. Seiten 41–50. Ein von mir herausgegebener Reprint von J.G. Ebels «Schilderung der Gebirgsvölker der Schweitz» (2 Teile), Leipzig 1798 und 1801, ist in Vorbereitung.

FAESSLER, PETER: Bodensee und Alpen. Die literarische Entdeckung eines Landschaftsbildes, in: H. Maurer (Hrsg.): Der Bodensee. Landschaft, Geschichte, Kultur. Sigmaringen 1982. Seiten 5–32. Erschien zugleich in: Schriften des Vereins für Geschichte des Bodensees und seiner Umgebung 1981/82 (99./100. Heft) und als Veröffentlichung des Alemannischen Instituts Freiburg i.Br. Nr. 51.

FAESSLER, PETER: Ulrich Hegner. Satire und Idylle im helvetischen Biedermeier, in: Neue Zürcher Zeitung. Nr. 116. 22./23. Mai 1982. Beilage «Literatur und Kunst». Seite 69.

FAESSLER, PETER (Hrsg.): Die Molkenkur von Ulrich Hegner. Mit einem Essay «Ulrich Hegner – Satire und Idylle im helvetischen Biedermeier» von Peter Faessler. Herisau/Trogen: Verlag Schläpfer & Co. AG, 1983.

FAESSLER, PETER (Hrsg.): Der Bodensee im literarischen Landschaftsbild. Sigmaringen: Jan Thorbecke Verlag, erscheint 1983.

GROSSER, HERMANN: Von appenzellischen Bädern und Wasserkuren, in: Festschrift für Robert Wildhaber (1972).

HANNAPPEL, HANS / MELENK, HARTMUT: Alltagssprache. Semantische Grundbegriffe und Analysebeispiele. München: Wilhelm Fink Verlag, 1979. (Uni-Taschenbücher 800.)

HESSE, HERMANN: Bodensee. Betrachtungen, Erzählungen, Gedichte. Hrsg. und eingeleitet von Volker Michels. Mit einem Nachwort von Lothar Klein. Aufnahmen von Siegfried Lauterwasser. Sigmaringen: Jan Thorbecke Verlag, ²1980.

IM HOF, ULRICH: Ancien Régime, in: Handbuch der Schweizer Geschichte. Bd. 2. Zürich: Verlag Berichthaus, 1977. Seiten 675–784.

LANG, C.: Johann Grob. Auswahl, Bearbeitung und Nachwort von Dr. C. Lang. Bern: Verlag A. Francke AG, 1939.

LINDQVIST, AXEL: Johannes Grob. Epigramme nebst einer Auswahl aus seinen übrigen Gedichten. Leipzig 1929 (Bibliothek des literarischen Vereins in Stuttgart CCLXXIII).

OERI, HANS JAKOB: Bildniss- und Historien-Maler, in: Neujahrsblatt der Künstlergesellschaft in Zürich für 1869.

PFOHL, GERHARD (Hrsg.): Das Epigramm. Zur Geschichte einer inschriftlichen und literarischen Gattung. Darmstadt: Wissenschaftliche Buchgesellschaft, 1969.

PREISENDANZ, WOLFGANG: Über den Witz. Konstanz 1970.

QUASTHOFF, U.: Soziales Vorurteil und Kommunikation. Eine sprachwissenschaftliche Analyse des Stereotyps. 1973.

RÖHRICH, LUTZ: Der Witz. Seine Formen und Funktionen. Mit tausend Beispielen in Wort und Bild. München: Deutscher Taschenbuch Verlag GmbH & Co. KG, 1980 (Bd. 980). Urspr.: Stuttgart: J.B. Metzlersche Verlagsbuchhandlung und Carl Ernst Poeschel Verlag GmbH, 1977.

SCHLÄPFER, WALTER: Appenzeller Geschichte. Bd. II (Appenzell Ausserrhoden). Herisau 1972.

SCHMIDT-HIDDING, W.: Humor und Witz. München 1963. (Europäische Schlüsselwörter Bd. 1.)

STEINMANN, EUGEN: Die Kunstdenkmäler des Kantons Appenzell Ausserrhoden, Bd. II. Der Bezirk Mittelland. Basel: Birkhäuser Verlag, 1980.

TANAKA, Y.: A study of national stereotypes, in: Triandis, H.C. (Hrsg.): The analyses of subjective culture. 1972.

NACHBEMERKUNG DES VERFASSERS

Dieses Buch steht im Zusammenhang mit dem Projekt «Bodensee (Rhein) und Alpen – Die literarische Erschliessung einer Landschaft», bei welchem der Verfasser vom «Schweizerischen Nationalfonds zur Förderung der wissenschaftlichen Forschung» unterstützt wird.

Textüberschriften, bei welchen es sich nicht um Originaltitel handelt, sind im bibliographischen Teil in eckige Klammern gesetzt; dies gilt auch für Auslassungen oder Hinzufügungen des Verfassers. Orthographie und Interpunktion der zitierten Texte wurden dabei (ausser bei J. Grob) durchgängig und unverändert übernommen.

VERLAG UND VERFASSER DANKEN

Frl. Doris Ueberschlag, Kantonsbibliothek (Vadiana), St.Gallen, für die Liberalität in der Beschaffung von Erstdrucken und frühen Ausgaben aus den Beständen ihrer Bibliothek;

Herrn R. de Haller, Genf, für Sigmund Freudenbergers Porträt von Albrecht von Haller;

den Staatlichen Museen, Preussischer Kulturbesitz, Berlin, für die Überlassung eines Ektachroms;

der PATRIA, Schweizerische Lebensversicherungs-Gesellschaft auf Gegenseitigkeit, Basel, für die Druckrechte der farbigen Dorf- und Landschaftsbilder;

der Graphischen Sammlung ETH Zürich (Gottfried-Keller-Stiftung) für die Überlassung eines Ektachroms;

Herrn Prof. Dr. W. Schläpfer, Kantonsbibliothek, Trogen, und Redaktor der «Appenzellischen Jahrbücher», für die Überlassung zweier Farbklischees;

Herrn Prof. Dr. Eugen Steinmann, Trogen, für die Überlassung eines Klischees aus «Die Kunstdenkmäler des Kantons Appenzell Ausserrhoden», Bd. II. Basel 1980.

9783858190536.3